臺灣歷史與文化 研究輯刊

四 編

第 19 冊

臺灣信仰習俗中的語言文化研究（下）

張 瑞 光 著

花木蘭文化出版社

國家圖書館出版品預行編目資料

臺灣信仰習俗中的語言文化研究（下）／張瑞光 著 — 初版
— 新北市：花木蘭文化出版社，2013〔民102〕
目 4+172 面；19×26 公分
（臺灣歷史與文化研究輯刊 四編；第 19 冊）
ISBN：978-986-322-501-0（精裝）
1. 臺語　2. 民間信仰　3. 臺灣文化
733.08　　　　　　　　　　　　　　　　　102017408

ISBN-978-986-322-501-0

9 789863 225010

臺灣歷史與文化研究輯刊
四　編　第十九冊　　　　　　ISBN：978-986-322-501-0

臺灣信仰習俗中的語言文化研究（下）

作　　者　張瑞光
總 編 輯　杜潔祥
出　　版　花木蘭文化出版社
發 行 所　花木蘭文化出版社
發 行 人　高小娟
聯絡地址　235 新北市中和區中安街七二號十三樓
　　　　　電話：02-2923-1455／傳眞：02-2923-1452
網　　址　http://www.huamulan.tw 信箱 sut81518@gmail.com
印　　刷　普羅文化出版廣告事業
初　　版　2013 年 9 月
定　　價　四編　22 冊（精裝）新臺幣 50,000 元
　　　　　　　　　　　　　　　　版權所有·請勿翻印

臺灣信仰習俗中的語言文化研究(下)

張瑞光　著

目

次

第五章 台灣的歲時節俗

　　台灣的【歲時節俗 sue3 si5 tseh4 siok8】，沿襲自原鄉的閩、粵，其源頭來自中原文化，和歷史上其他民族的生活文化的融合、演變。而中國歲時節俗主要起源於宗教祭祀活動、或農事活動、或民眾活動、或重大歷史事件。因而歲時節日的形成因素及其節日類別，大致分為三方面，即【宗教 tsong1-kau3】、【農事 long5-su7】、【歷史 lik8-su2】。在漫長的歷史歲月中，經歷了許多變遷、演化，顯得豐富多采、錯綜複雜。不過有其內在規律的變化，即由少到多，從簡到繁。而在台灣現代社會中，又有從繁到簡、多元發展的趨勢。

　　歲時節日源於節日的【通過 thong1- kue3】，本身具有【過關 kue3-kuan1】的神聖意義，即所謂【過節即過關 kue3-tseh4 tsik4 kue3-kuan1】。因此古人依據氣候轉變關鍵的太陽曆中的【節 tseh4】與【氣 khui3】，以及太陰曆中的【月望 gueh8-bang7】作為優先選擇，並藉由陰陽相對思維，使得月日相重、都是陽數的日子，再結合道教三元的信仰，重要的節日便平均間隔地出現，巧妙地構成規律性的韻律感，讓民眾在工作之餘能從事「非日常性」的宗教休閒活動。

　　加上傳統的節慶習俗通常多會有神話傳說支持其信仰行為，在祭祀的儀式動作中，經由私人家族或公眾聚落的聚會行使，使整個祭儀在音樂和儀式相與配合的情況下，身心都能由凡俗進入神聖的境域，進行宗教性罪過的解除、污穢的潔淨與福祥的祈求，順利通過節氣轉變的關卡。〔註1〕

〔註1〕 謝聰輝〈臺灣信仰習俗中的歲時節慶與生命禮儀〉《真理大學宗教系台灣民間信仰基本教材》，頁90～105，新北市：真理大學，2002年。

　　林衡道教授指出，歲時節俗又叫做【歲時節令 sue3 si5 tseh4 ling7】，它是無文字社會，及至於文盲很多的社會，一年之中的【日程表 jit8-thing5-pio2】。不但具有象徵性的儀禮行為，還包括很多實用性的行為。歲時節俗把一年畫分為什麼時候是祭典與休閒的時間、什麼時候是應該拼命工作的時間，一年到頭呈波浪似的【作息表 tso2-sik4-pio2】週而復始地一直更迭下去。因此，社會學家把歲時節俗稱為【生活旋律 sing1-uah8-suan5-lut8】而它總是反映一地人民的宗教信仰及社會生活的事象，這足以呈現綜合的文化意義。〔註2〕

　　本章中，先討論台灣歲時節俗的起源，再依時序春、夏、秋、多，探討相關節俗與語言文化。

第一節　歲時節俗起源

　　台灣民間的歲時節俗，乃根據中國傳統「二十四節氣」中農、漁、牧業等生產（工作）與休閒的需要，採取陰陽相對思維，並融合太陽、太陰曆，制定出陽數相重的節日：如一月一日、三月三日、五月五日、七月七日、九月九日（只有六月六日的天貺〔註3〕節較特別）；【月望日 gueh8-bang7-jit8】則如正月十五、七月十五、八月十五及十月十五。這些節日乃從古來繁多的節日中，經由長久的選擇後，從【日常 jit8-siong5】生活中所區隔出的【非常 hui1-siong5】日子。類此日常與非常、凡俗與神聖的區隔，即是孔子所提出的節慶原理【一張一弛 it4 tiong1/tiunn1 it4 i5/si2】的工作與休閒準則，經由宗教性休閒以合理化其過節的意義，實為古典的休閒社會學，也符合人類學家及社會學家對於日常生活與節慶生活的理論。

　　先秦時期，只有【立春 lip8-tshun1】、【立夏 lip8-ha7】、【立秋 lip8-tshiu1】、【立多 lip8-tang1】四個節氣節日以及社祭、臘八比較確定、分明。

　　漢代初期，只有上元放夜（即元宵節夜晚不禁行），仲春、仲秋社祭（春秋兩季祭祀土地神），三月上巳節被褉（於水邊執簡招魂祓除不祥），夏至，三伏歡娛宴飲，多至，臘日（祭拜祖先及百神）等節日。

〔註2〕　林衡道〈臺灣閩粵移民的歲時節俗〉《台北文獻》（直）75：頁271～308，1986年。

〔註3〕　【貺 hing7】，家有喜事，把禮品食物分贈鄰居友人分享。董忠司《臺灣閩南語辭典》，頁398。「天貺節」宋時以天書降於是日，故名。商務印書館編審部《辭源》，頁383。

　　魏晉南北朝時期，歲時節日已較增加，包括：元日（即春節），人日，立春，元宵（正月十五），晦日（正月末），春分，社日，寒食節（清明節），三月三（上巳節），五月五（已有端午競渡、採藥等活動），夏至，六月伏日、七月七（即七夕），七月十五（俗稱中元節，鬼節），九月九（重陽節），十月朔，冬至節（仲冬之月），臘日（十二月八日，即臘八，並祭灶），除夕（歲暮）等十九個節日。

　　唐宋以及明清時期，除上述絕大多數節日繼續流行以外，【春節 tshun1 tseh4】、【元宵 guan5-siau1】、【清明 tshing1-bing5】、【端午 tuan1-ngoo2】、【中元 tiong1-guan5】、【中秋 tiong1-tshiu1】、【冬至 tang1-tsi3】、【除夕 ti5-sik8】〔註4〕、吃新節（俗稱嘗新）、臘八節，更爲活躍，其中一些逐漸成爲傳統節日的最重要的大節（所謂八大主節）。從而使民間節日定型下來，呈現出既具普同性又帶區域性；既與農時季節密切結合，又在一年之中分布較爲合理的格局。所以，擁有最廣大的群眾並且世世代代傳承下來。

　　從上述可以看出，中國的傳統節日從最初的【四時 su3-si5】（春、夏、秋、冬）發展到【八節 pat4-tseh4】（立春、春分、立夏、夏至、立秋、秋分、立冬、冬至），再發展爲【二十四節氣 li7-tsap8-si3 tseh4-khui3】等主要傳統節日〔註5〕。傳統節日主要以【年 ni5】和【節 tseh4】兩大部份及若干小部份建構聯接起來的。「年」的含意本是穀物成熟之意。甲骨文中的「年」，爲一個人手持穀穗的樣子，乃果實豐收的景象。可見「年」的設置本意在於慶賀豐收、禳災祈福。

　　中國曆法，以月之一圓一缺爲一個月，因此稱爲太陰曆，與農漁生產及收獲息息相關，也叫做【農曆 long5-lik8】（陰曆）。一年分：【春 tshun1】、【夏 ha7】、【秋 tshiu1】、【冬 tang1】四季；每季又分孟、仲、季三小季，即一小季等於一個月；每個月再分成兩個【節氣 tseh4-khui3】，一年計有二十四節氣，寒暑的變化無不顯示出來，且每五日爲一候，一年計有七十二候，動物、植物的生態悉可窺見。二十四節氣大致以大陸黃河下游中原地區的氣候爲準。台灣位於亞熱帶，冬季僅有高山會下雪；夏、秋季常有颱風。所以台灣的節氣與原先的涵義不大一樣。

〔註4〕　【除夕 ti5-sik8】，台語說【過年暗 kue2-ni5-am3】或【二九暝 ji7 kau2 me5】、【三十暝 sann1 tsap8 me5】，視臘月大小而定。

〔註5〕　巫瑞書《南方傳統節日與楚文化》（湖北：湖北教育出版社，1999年），頁331～334。

　　以前沒有氣象預測報告，農人都憑【節氣 tseh4-khui3】來預判天候變化，作為農事生產與起居作息的重要根據，並配合季節、農閒與歷代傳衍所形成的各種節日，用以調節繁忙的日常工作，從事休閒與祭祀活動，從而產生一套「節氣文化」，來做為日常生活的作息表。今雖已邁入工業時代，【農民曆 long5-bin5-lik8】仍不失其存在價值；尤以民間信仰中的神誕依傳統以陰曆為準〔註6〕。

　　歷經長期演變，今天台灣的歲時節慶，除了以二十四節氣與傳統節日之外，更融入了各種全島性神明與區域性鄉土守護神的聖誕千秋，以及各種定期或不定期靖安祈福廟會醮典，它兼具有漢民族傳統的歲時節令以及台灣在地的傳統信仰文化。〔註7〕

　　【歲時歌 sue3-si5-kua1】唱出了民眾依據節氣作息，循環不斷的旋律。整首歌分作十二句，每句二到三句，句首和句尾的押韻結構，呈現音樂之美。

　　　〈正月正〉

　　　　〔正月正，咧佚迌，tsiann1-gueh8 tsiann1,le0 thit4-tho5，
　　　　聽見跋筊聲〔註8〕，thiann1-kinn3 puah8-kiau2 siann1，（押 iann 韻）
　　　　二月二，老土地，ji7- gueh8 ji7,lau7 tho2 ti7〔註9〕，（押 i 韻）
　　　　三月三，sann1-gueh8 sann1，
　　　　桃仔李仔雙頭擔。tho5-a2 li2-a2 siang1-thau5 tann1。（押 ann 韻）
　　　　四月四，si3-gueh8 si3，
　　　　桃仔來，李仔去，tho5-a2 lai5，li2-a2 khi3，（押 i 韻）
　　　　五月五，goo7-gueh8 goo7，
　　　　西瓜排甲滿街路，si1-kue1 pai5 kah4 mua2 ke1 loo7，（押 oo 韻）
　　　　六月六，lak8-gueh8 lak8,
　　　　頭家落田拍碌碡〔註10〕。thau5-ke1 loh8-tshan5 phah4 lak8-tak8。

〔註6〕　林曙光《打狗歲時記稿》（高雄：高雄市文獻會，1984年），頁1。
〔註7〕　謝聰輝〈臺灣歲時節慶內涵析論〉《人文及社會學科教學通訊》十五卷三期，2004年，頁6～19。
〔註8〕　此句也有唱成「牽新娘，出大廳」，早期人們結婚都在冬尾時，許多從小領養的「新婦仔」，更是在「二九暝」「送做堆」結婚，正月初一全家都要祭拜神明祖先，也要牽新娘，出大廳一起參拜。
〔註9〕　此句也有唱成「刣豬公謝土地」。二月初二是土地公生日，所以有刣豬公、演戲，感謝土地公保庇。

（押 ak 韻）

七月七，tshit4-gueh8 tshit4，

龍眼烏，石榴必〔註11〕，ling5-ging2 oo1,sia7-liu5 pit4，（押 it 韻）

八月八，peh4-gueh8 peh4，

牽豆藤，挽豆莢，khan1 tau7-tin5，ban2 tau7-ngeh4，（押 eh 韻）

九月九，kau2-gueh8 kau2，

風吹滿天吼。hong1 tshue1 mua2 thinn1 hau2。（押 au 韻）

十月十，tsap8-gueh8 tsap8，（押 ap 韻）

儂收冬，頭家倩長工，lang5 siu1 tang1，thau5-ke1 tshiann3 tng5 kang1，（押 ang 韻）

十一月，年兜邊，tsap8-it4-gueh8,ni5 tau1 pinn1，

家家戶戶儂挲圓，ke1-ke1-hoo7-hoo7 lang5 so1-inn5，

十二月，tsap8-ji7-gueh8，

換新衫，來過年。uann7 sin1-sann1，lai5 kue3-ni5。（押 inn 韻）〕

傳統的節慶精神乃傳神地表現在【鬧熱 lau7-jiat8】這兩個字的詞彙中，一年四季區分農忙與休閒，配合民俗與祭祀，民眾經由角色的顛覆與裝扮，以集體加動態的歡樂方式，熱鬧地表現爲拼陣、賽社祭神活動，體現節慶之美的重要特質。

第二節　春的行事

台灣的春節習俗，民眾常趁著年假，一家人或招朋引伴到風景區郊遊，或到寺廟燒香拜拜；也有集中於城市遊樂區的，民間習稱爲【遊春 iu5-tshun1】。這是源於節日的休閒，一面出遊以休憩身心，一面趁著遊春帶來喜氣、好運。

【立春 lip8-tshun1】是一年二十四【節氣 tseh4-khui3】的頭一個節氣，春回大地的第一天，充滿了歡喜與希望，所以俗話說：【立春趕春氣 lip8-tshun1 kuann2 tshun1-khui3】，勸人好好努力做【穡 sit4】〔註12〕，爲一年裡的豐收立

〔註10〕 「碌碡」是古老的農具，由牛拖行，以搗碎田裡的土塊。

〔註11〕 「必」是借用字，皮膚乾燥而裂開。

〔註12〕 【穡 sit4】，本義指農事、耕田。引申爲工作、勞動。董忠司《臺灣閩南語辭典》，頁1211。

下好彩頭〔註13〕。

歲時行事，以正月春節為最多，民間歌謠唱出每天的行事。

〔初一早，tshe1-it4 tsha2，

初二早，tshe1-ji7 tsha2，

初三睏佮飽，tshe1-sann1 khun3 kau2 pa2，（押 a 韻）

初四接神，tshe1-si3 tsiap4 sin5，

初五隔開，tshe1-goo7 keh4 khui1，

初六舀肥，tshe1-lak8 iunn2-pui5，（押 ui 韻）

初七七元，tshe1-tshit4 tshit4 guan5，

初八原全，tshe1-peh4 uan7 tsuan5，（押 uan 韻）

初九天公生，tshe1-kau2 thinn1-kong1-senn1，

初十有食食，tshe1-tsap8 u7 tsiah8 sit8，

十一請囝婿，tsap8-it4 tshiann2 kiann2-sai3，

十二查某囝返來拜〔註14〕，tsap8-ji7 tsa1-boo2-kiann2 tng2 lai5 pai3，

十三食泔糜〔註15〕配芥菜，tsap8-sann1 tsiah8 am1-mue5 phue3 kua3-tsai3，（押 ai 韻）

十四結燈棚，tsap8-si3 kat4 ting1-penn5，

十五上元暝，tsap8-goo7 siong2-guan5-me5，

十六相公生〔註16〕。tsap8-lak8 siong3-kong1-senn。（押 enn 韻）〕

正月初一至初五，謂之【新正 sin1-tsiann1】，或稱【新春 sin1-tshun1】，家家門上貼春聯，歲序更新，萬象皆春。

新正行事，以【開正 khui1-tsiann1】或【開春 khui1-tshun1】開始。以【拜拜 pai3-pai3】為主要活動節目，早上先拜大廳供桌上的神明，再祭拜祖先，然後到附近各寺廟參拜神佛，最後是親友之間互相往來拜年。

開正時刻，按年不同，依各年干支而定。時過午夜，一到開正時刻，一家大小齊燒香，拜神，祭祖先，恭迎新年，以迎喜避災，乃由長上依序行三

〔註13〕 陳正之《台灣歲時記——二十四節氣與常民文化》，頁25。

〔註14〕 這天也有女兒歸寧。

〔註15〕 【食泔糜 tsiah8 am1-mue5】吃稀飯。

〔註16〕 【相公生 siong3-kong1-senn】，相傳為紀念開台聖王鄭成功的誕生日。

跪九拜禮，祭拜極誠虔。然後燒壽金〈印有壽字之金紙〉、刈金〈印有財子壽三神像之金紙〉，燃放爆竹，實是「爆竹一聲除舊歲，桃符萬戶更新年」。拜後，各喝甜茶，祝賀【新年恭喜 sin1-ni5 kiong1-hi2】。開正後，才去就寢。

開正時，及新正期間，每有【歕春 pun5-tshun1】的鼓吹隊〈三、四人為一隊的小樂隊〉，挨戶在門口廳堂，吹奏吉祥音樂，如「天官賜福」「滿福天官」等曲為賀，主人賞予紅包。等收到紅包後就繼續轉到另一家，挨家挨戶吹樂報春，即為【歕春 pun5-tshun1】。另有巡迴街內，兩三人一組或是單人一個，手弄獅頭，獻瑞祈祥，或演八仙、慶賀、千金送子等吉祥的戲目者，民家、特別是商家滿意的，就放鞭炮、贈紅包，也有乞丐手執「搖錢樹」〈榕樹枝懸掛串紅線的古錢〉，口唱：

〔新正大發財，sin1-tsiann1 tua7 huat4-ts<u>ai</u>5，

錢銀家己來，tsinn5-gin5 ka1-ti7 l<u>ai</u>5，（押 ai 韻）

一文來分，年年有偆，tsit8-bun5 lai5 p<u>un</u>1,ni5-ni5 u7 tsh<u>un</u>1，

狀元囝，舉人孫，tsiong7-guan5 kiann2,ku2-jin5 s<u>un</u>1，

一文分，亦會生男孫。tsit8-bun5 p<u>un</u>1,ia7-e0 senn1 lam5- s<u>un</u>1。（押un 韻）〕〔註 17〕等吉句乞錢。

在新年頭，國人都有卜知一年運勢的習俗，不管是公廟、角頭廟，抑是私廟，多與社區共同體的命運有關。所以也有出【四季籤 su3-kui3-tshiam1】的習俗，預示地區內一年吉利與否的情況。依例多由廟中的頭家爐主作代表，在主祀神明前稟告後，即請求按照各行各業，分別抽出籤詩，用紅紙寫出貼在牆壁上，讓善信知曉各季的行年大運。在新年頭，善信前往廟裡燒香，也會詢問年運，表現人們習慣性的卜知心理。

【正月 tsiann1-gueh8】初一，男女老幼著新衣，攜甜料、柑橘、金紙、香燭等，到各寺廟燒香禮拜，祈新年福祥。祭祀完了之後，家人互相拜年，然後再到親友家拜年，俗稱【行春 khiann5-tshun1】（指新春去看親友），賀新年即【賀新正 ho7-sin1-tsiann1】。【正月正時 tsiann1-gueh8 tsiann1-si5】指農曆一月，過農曆年的時候。

親友間賀歲，或稱「賀正」、「拜年」。賀客登門，宴請大廳，以甜料〈盛於朱漆木盒或九龍盤〉、甜茶，以示圓滿親密，俗稱【食甜 tsiah8-tinn1】。食

〔註 17〕 洪敏麟，洪英聖《臺灣風俗探源》，頁 128。

時，互道吉利話，如說：【食紅棗，年年好。tsiah8 ang5 tso2，ni5 ni5 ho2。】（押 o 韻）、【食甜甜，乎你生後生。tsiah8 tinn1 tinn1，hoo7 li2 senn1 hau7-sinn1。】（押 inn 韻）、【食甜甜，賺大錢。tsiah8 tinn1 tinn1，than3 tua7 tsinn5。】（押 inn 韻）、【老康健，食百二。lau2 khong1 kian7，tsiah8 pah4 ji7。】等句。賀客攜有兒孩，另贈以紅包，為新年的見面禮。

初一不炊新飯，而吃【過年暗 kue2-ni5-am3】炊剩的年飯，或食麵線，取意延壽。求吉利：新正，全家老少，談笑風生，以求吉利。俗謂【新年頭，舊年尾 sin1-ni5 thau5，ku7-ni5 bue2】，事事應融洽吉利。

外出，為期新年事事順利，應先朝向吉利方向起步出門，此謂【出行 tsut4-kiann5】。吉利方向，亦按年不同，仍依各年干支而定，或以干支與自己生辰，擇卜「利年」方向。

初二，敬備三牲祭拜福德正神【土地公 tho2-ti7-kong1 或讀 tho2-li7-kong1、thoo2-te7-kong1】，俗稱【迎財神 ngia5-tsai5-sin5】。尊稱為【土地公伯仔 tho2-ti7-kong1-peh4-a0】。

這天也叫【查某囝日 tsa1-boo2-kiann2-jit8】，是出嫁女兒回娘家和父母親團聚的日子。大陸上，中等以上人家叫做【歸寧 kui1-ling5】，台灣則稱為【做客 tso3-kheh4】或是【轉外家 tng2-gua7-ke1】。

諺語：【有父有母初二三，u7 pe7 u7 bo2 tshe1 ji7 sann1，
　　　　無父無母頭擔擔。bo5 pe7 bo5 bo2 thau5 tann1-tann1】（押 ann 韻）
又說：【死爸路遠，死母路斷。si2 pe7 loo7 hng7，si2 bo2 loo7 tng7。】
　　　　（押 ng 韻）
更言：【新婦毋離灶，sin1-pu7 m7 li5 tsau3，
　　　　查某囝毋離後頭。tsa1-boo2-kiann2 m7 li5 au7-thau5。】〔註 18〕
　　　　（押 au 韻）

【歸寧 kui1-ling5】：女子出嫁後歸省父母。寧：向父母問好。《詩・周南・葛覃》：「歸寧父母」。毛傳：「寧，安也。父母在，則有時歸寧爾」〔註 19〕。

民俗學者林衡道教授指出，民俗硬性規定正月初二已婚女子要回娘家，可以說是以往時代對女權最低限度的保障。因為在從前，嫁為媳婦之後是相當辛苦的，萬一遇人不淑，或是婆婆不明理，媳婦很少有機會回娘家探望父

〔註 18〕林曙光《打狗歲時記稿》，頁 6。
〔註 19〕《中國民俗辭典》（台北市：智揚出版社，1990 年），頁 110。

母。所以，這樣的民俗規定是相當合理的。林衡道教授也深刻的描述昔日回娘家的情況：

> 夫妻兩人一進了娘家的門，只見母女擁抱大哭，母親趕緊把女兒挽進房間，將門關起來，母女先大哭一場再說。外邊辦了酒席宴請女婿，並有親友當陪客。這時，母女兩人却哭紅著臉，不敢出門來，家人就端著兩碗麵線進去給他們吃，但也沒有心情去吃它了。

儘管媳婦回到娘家就跟母親訴苦，但到了黃昏就得依依不捨辭別爺娘，趕回婆家。這是對婆婆的保障，因為假使媳婦在娘家舒舒服服待了一、兩天才回來的話，那麼，誰來服侍婆婆呢？〔註20〕

初三，一般人迷信夜裡是老鼠娶親的佳期，大家儘量提早熄燈睡覺。

初四，為【接神 tsiap4-sin5】或【迎神 ngia5-sin5】日子，備神馬天兵祭拜，俗稱【接天神 tsiap4-thian1-sin5】。十二月廿四日到正月初三，神明昇天向玉皇大帝奏人善惡，不在人間。

諺語：【送神早，接神晏。sang3-sin5 tsa2，tsiap4-sin5 uann3。】。

又說：【送神風，接神雨。sang3-sin5 hong1，tsiap4-sin5 hoo7。】，接神日必有象徵性落雨〔註21〕。

初五，年前已休業的商店，陸續挑選大吉日子開始營業，叫【開張 khui1 tiunn1】。一般在關帝聖君神前供奉牲禮，燒金紙，祭拜，並鳴放爆竹。這天也是撤去所有供品的日子，恢復平常生活，新年到此結束，俗稱【隔開 keh4-khui1】。

初六，祖師公生，清水祖師為泉州安溪移民的原鄉神；諺語：【祖師公，雙棚輚 tsoo2-su1-kong1，siang1 penn5 tau3】高雄前金廟祖師公生演戲兩棚〔註22〕。

初七，通稱【人日 jin5-jit8】，或「七元日」，要吃線麵，和以芹菜、薺、菠菜、蔥、大蒜、蒿菜、芥菜七種菜作成的羹，以為可袪除邪氣和百病。俗以元旦為雞日，初二為狗日，初三為豬日，初四為羊日，初五為牛日，初六為馬日，初七為人日，初八為穀日，而於人日，以七種菜為羹煮食，不過在本省並無此俗。

〔註20〕林衡道口述，鄭木金記錄《臺灣史蹟源流》（台北：青年日報，1987年），頁494。
〔註21〕林曙光《打狗歲時記稿》，頁7。
〔註22〕林曙光《打狗歲時記稿》，頁7。

初九日為天上最高神明【玉皇大帝 giok8 hong5 tai7 te3】誕辰，俗稱【天公生 thinn1-kong1-sinn1】，為新正以來，儀禮最隆重的祭祀。【拜天公 pai3 thinn1 kong1】求平安、助人壽，台灣人中以泉州人對此祭典最慎重。前夕，一家齋戒沐浴，正廳擺設祭壇，在長凳上疊高八仙桌為頂桌，下面另鋪設下桌。頂桌供奉三個燈座〈彩色紙製之玉皇上帝神座〉、五果六齋、紮紅麵線，清茶各三杯。下桌為供奉從神，祀敬五牲，紅龜粿類。一大清早，全家老幼，齊整衣冠，由長者開始上香，行三跪九叩禮，祈福。拜畢，燒金紙、天公金、燈座，燃放鞭炮。天公生，亦有鼓吹隊，挨戶吹奏吉樂。拜天公用的雞要用閹雞，不用母雞。

　　俗謂：【初九若無暴，眾神不敢暴。tshe1 kau2 na7 bo5 pok8，tsiong3 sin5 m7 kann2 pok8】（押 ok 韻），意為這一天如無颶風，以後一年都不會有風暴。

　　俗信：【天公有暴，討海有靠 thinn1-kong1 u7 pok8，tho2 hai2 u7 kho3】（押 o 韻），初八夜有大風為天公暴；天公有暴，小神不敢亂來，討海人出海才不會危險〔註23〕。

　　【正月三十六暴 tsiann1-gueh8 sann1-tsap-lak8 pok8】：古人以為每遇神誕必有不測風雲，以顯赫赫神威，稱為暴頭；正月神誕多，暴頭也多。

　　【天公 thinn1-kong1】即古時的昊天上帝，是台灣民間的至高神。後來道教以人鬼來認同「天公」，稱其為【玉皇大帝 giok8 hong5 tai7 te3】。台灣各地都有奉祀玉皇大帝的【天公廟 thinn1-kong1-bio7】共九十三家之多。

　　俗語：【天頂天公，地下母舅公。thinn1 ting2 thinn1-kong1，te7 e7 bo2 ku7 kong1。】（押 ong 韻），上天以玉皇大帝，地下以外戚為最大。

　　　　　【天公痛〔註24〕戇人。thinn1-kong1 thiann3 gong7 lang5。】老天爺疼惜比較老實的人。

　　【正月十五 tsiann1-gueh8 tsap8 goo7】又稱【正月半 tsiann1-gueh8 puann3】，俗稱【上元節 siong7-guan5-tseh4】，也是【燈節 ting1- tseh4】，或稱【元宵節 guan5-siau1-tseh4】。【上元暝 siong7 guan5 me5】，鬧元宵，迎紫姑，賞花燈，猜燈謎。各寺廟張燈結綵，懸掛精巧燈籠，進香參拜的人絡繹不絕。

　　此外，婦女有【鑽燈腳，生膦脬 tsng3-ting1-kha1，senn1-lan7-pha1】（押

〔註23〕林曙光《打狗歲時記稿》，頁 8。

〔註24〕【痛 thiann3】，疼愛。董忠司《臺灣閩南語辭典》，頁 1433。

a 韻）；未婚女子，有【偷摳〔註25〕蔥，嫁好翁。thau1 khau1 tshang1，ke3 ho2 ang1。】（押 ang 韻）；【偷摳菜，嫁好婿。thau1 khau1 tshai3，ke3 ho2 sai2】（押 ai 韻），未娶男子，有【跳菜股〔註26〕、娶好某。thiau3 tshai3 koo2、tshua7 ho2-boo2。】（押 oo 韻），澎湖則有【偷硓古〔註27〕，得好某。thau1 loo2-koo2，tit4 ho2-boo2。】（押 oo 韻），另有偷拔人家竹籬笆【拔竹籬，生囝兒。puat8 tik4-li5，senn1 kiann2- li5。】（押 i 韻）的俗信。這些都是燈節中無傷大雅的樂事，却是人們求子、求某、求翁的心理反映。

上元節是【天官 thinn1-kuan1】賜福的日子，最適於祈福，閩南人有【聽香 thiann1-hiang1】和【關落陰 kuan1 loh8 im1】的習俗。「聽香」是在家堂神前，擲筊問應該走的方向，然後密走，竊聽一言半語，以占吉凶。「關落陰」流行在元宵暝的一種扶乩儀式，燒香焚紙、唱唸歌謠，用以占問吉凶或牽引已死的親人來對話。

【乞龜 khit4-ku1】是各廟宇的應節食品，供信徒乞回家【食平安 tsiah8 ping5 an1】，這是一種「分福」的習俗，所以許願和還願多在元宵的年頭。諺語：【一年無討，一日無緩。tsit8 ni5 bo5 tho2，tsit8 jit4 bo5 uan7。】，謂明年元宵節要加些利息歸還，算是廟宇造產〔註28〕。

台灣地區的元宵節有「北天燈、南蜂炮」兩大盛會。「北天燈」是指新北市【平溪 penn5-khe1】的【放天燈 pang3 thinn1 ting1】；「南蜂炮」指台南市【鹽水 iam5 tsui2】的【射蜂仔炮 sia7 phang1 a2 phau3】。

放天燈原是閩、粵一帶的舊俗，上元、中元二節都有放天燈的記載。新北市平溪、十分一帶地處偏避的山區，清朝道光年間（西元 1820～1850 年），胡姓族人經過數年胼手胝足的辛勤開墾，逐漸成為新興的富足村落。當時，因為山區交通不便，官府鞭長莫及，遂成為山賊出沒之地。村民為了保命逃生，每年冬至過後，村民收成富裕之際，便收拾細軟逃入深山，直到元宵節前夕，才派壯丁下山察看，確定安全無虞後，才釋放天燈報平安。

放天燈的活動在元宵節夜裡舉行。天燈是以竹圈為架、棉紙為體的中空簍狀物，底層竹圈以兩條細鐵絲十字交叉，中心點繫綁一疊沾有煤油的金紙。

〔註25〕【摳 khau1】，拔花草，本字為「薅」。董忠司《臺灣閩南語辭典》，頁 719。
〔註26〕【股 koo2】，量詞。如一股菜 tsit8 koo2 tshai3（一畦菜）。董忠司《臺灣閩南語辭典》，頁 667。
〔註27〕【硓 loo2】：珊瑚礁。硓古，牆石。
〔註28〕林曙光《打狗歲時記稿》，頁 8。

施放時，先點燃煤油金紙，並將燈座放置在地面上，等熱空氣充滿燈內後，天燈便能藉著浮力飛向天際，直到底部的煤油紙燒完，天燈才會自動下降。最後，天燈群幻化成點點繁星，逐漸消失在夜空中。〔註29〕民眾深信放得越高，來年越發。所以燈上除寫上吉祥字樣，也會署上施放者的姓名，以此博得好采頭。

台南鹽水蜂炮。鹽水武廟建於清康熙七年，相傳在清光緒11年間鹽水地區發生瘟疫，因醫藥之不發達，造成鹽水當地相當多鎮民的死亡，後在鹽水武廟關聖帝君的指示之下，於農曆正月15日出巡繞境，並要求信徒沿街施放蜂炮，從清晨到深夜、從大街到小巷，自此瘟疫隨之散去。後鄉人為感關聖帝君神威顯赫、驅瘟除疫、庇祐鄉里，遂延續正月15日施放蜂炮的習俗。

台東炸寒單。炸寒單的活動緣起於台灣北部早年的造佛、燒佛活動，後因日治時代的宗教禁祀，造佛活動漸漸沒落。台東玄武堂為台灣目前最盛行「炸寒單」的地方，寒單爺又稱為玄壇爺、趙玄壇，相傳為武財神趙光明。相傳於民國四十年左右傳入台東，其延續了傳統造佛、炸寒單的活動，並在元宵節的時候大肆舉行，使得每年蒞臨台東參與炸寒單的觀光客可以說是絡繹不絕。

十五日是天官大帝誕辰。這天清晨，每家供拜牲醴，祈求賜福，並同時拜祀祖靈、地基主〈司土地之神〉、床母〈幼兒守護神〉等。

唐代以正月、七月、十月的十五日為【三元日 sam1-guan5-jit8】，稱正月十五日為上元，七月十五日為中元，十月十五日為下元，祀三官大帝，俗稱【三界公 sam1-kai3-kong1】，即上元祀天官，中元祀地官，下元祀水官。

正月十六日，相公生是台灣開台聖王，國姓爺鄭成功的生日，全台計有43座祠廟，以這天為廟祭。台南開山王廟則以每年七月十四日為廟會。

【春牛 tshun1-gu5】為立春日的一種豐饒儀式，漢朝已有塑土牛及耕人的禮俗，以象徵春耕之始。由於中國以農立國，牛為生產工具，故在立春後用牛耕田，需要牛動起來，故多由地方官以五色絲杖鞭打，表示經過一冬後，牛也要上工了。

正月二十日迎春，從前在立春前一天，各地方官都要到東郊迎春，先在東門外，依這年的干支塑造芒神和【土牛 thoo5-gu5】，以便迎接新氣象而占卜

〔註29〕僑委會網站〈全球網路教育中心·台灣節慶〉http://edu.ocac.gov.tw/local/web/Trad/Temple/about.htm

歲時。官員在芒神和土牛前面設案，供果、酒、香、燭，行一跪三叩拜禮後入城。隔天長官率領僚屬，把土牛從綵棚中抬出，拿彩鞭打土牛三下，唱道：

〔風調雨順，hong1 tiau5 u2 sun7，

國泰民安，kok4 thai3 bin5 an1，

祿位高陞，lok8 ui7 ko1 sing1。〕

這稱爲【打春牛 phah4-tshun1-gu5】。迎春完後，大家相爭土牛身上的土，帶回家散佈在牛稠或豬圈裡，祈望六畜興旺，免受瘟疫。

台灣開發時也特別看重耕牛，故沿襲古代【打春牛 phah4-tshun1-gu5】的習俗，早年民間頗爲流行，其後被機械耕作取代後，牛隻的功能也逐漸改變，故「打春牛」的節俗也隨之而變。近年來則有以紙糊爲牛，立於廟前，供善信觸摸以求吉利，如台南市土城聖母廟之例。

二十九日，烏狗暴，討海人忌出海；諺語：【烏狗暴無到，白鬚暴來湊。oo1 kau2 pok8 bo5 kau3，peh8 tshiu1 pok8 lai5 tau3。】（押 au 韻），這天如無暴頭〔註30〕，土地公生的暴頭就更加凌厲了〔註31〕。

農曆新年，正當立春前後，也是農事空閒時候，農民喜歡大大熱鬧一番，因而春節在歲時節令中的行事節目最多，時間最長，大約從農曆十二月廿三、廿四日【送灶 sang3-tsau3】開始，直到正月十八日【落燈 loh8-ting1】爲止。

正月葱，二月韮：葱、韮與蒜是山頂三項臊，【食菜人 tsiah8- tshai3-lang5】不可吃。韮菜不必照顧，所以諺云：【查某囝，韮菜命。tsa-boo2- kiann2，ku2-tshai3 mia7。】（押 iann 韻）。（比喻命賤如韮菜；因韮菜，易生易長，也比喻強韌的生命力。〔註32〕）

俗話說：【正月寒死豬、tsiann1-gueh8 kuann5 si2 tu7/ti7、

二月寒死牛、ji7-gueh8 kuann5 si2 gu5、

三月寒死播田夫。sann1-gueh8 kuann5 si2 po3/poo3-tshan5-hu1。】（押 u 韻）

正月春寒料峭；有謂：【未食五日粽，破裘毋甘放 bue7 tsiah8 goo7 jit8 tsang3，phua3 hiu5 m7 kam1 pang3】（押 ang 韻），指端午節之前，天氣尙未正式變熱，還不穩定，有時會轉冷，破舊的棉襖暫時不要收藏起來。

〔註30〕台語稱暴風雨爲【暴頭 pok8-thau5】。徐福全《福全台諺語典》，頁 305。

〔註31〕林曙光《打狗歲時記稿》，頁 9。

〔註32〕董忠司《臺灣閩南語辭典》，頁 673。

俗話說：【正月毋通看新婦，五月毋通看老牛。tsiann1-gueh8 m7-thang1
khuann3 sin1-pu7，goo5-gueh8 m7-thang1 khuann3 lau7-gu5。】
（押 u 韻）。

諺云：【人著粧，佛著扛。lang5 tioh4 tsng1，hut8 tioh4 kng1。】（押 ng
韻），正月相親會看走了眼；五月雨水充足，野草茂盛，牛以草
料餵得肥胖，老牛也不例外，買牛容易上當。〔註33〕

過年期間賭博，台灣賭風熾烈由來已久。諺語：【筊不是生理，某不是大姐。
kiau2 m7-si7 sing1-li2，boo2 m7-si7 tua7-tsi2。】〔註34〕（押 i 韻）。

正月是新年頭，民眾祈求一年的平安，已經成爲一般人例行的事情。民
間廟宇提供信徒個人或家庭安太歲、光明燈、拜斗作運途等法事。另外，很
多習俗也都帶有象徵性儀式，顯現「過節即過關」的宗教性意義。如元旦爆
竹，以辟山臊惡氣；元宵鹽水蜂炮以驅逐瘟疫；平溪放天燈以祈求天神賜福；
台東玉里天后宮「炸寒單爺」，苗栗後龍慈雲宮「射砲城」，都有除瘟淨潔功
能；野柳保安宮神明淨港過火，則是典型的水火潔淨儀式，以求新一年平安
豐收。〔註35〕

農曆【二月 ji7-gueh8】初二是【土地公 thoo2-te7-kong1】〔註36〕的生日，
稱作【頭牙 thau5-ge5】，這個節日二月初二，簡稱爲【二二 li7 li7】〔註37〕，
與【利利 li7 li7】同音，是做生意商家的最愛，所以除了農民之外，各地商家
也都供奉這位財神〔註38〕。昔日民間逢牙作祭〔註39〕，成爲習俗。

民間有【食土地公福 tsiah8 tho2-ti7-kong1 hok4】的習俗，同一個土地公
廟祭祀的民眾或信徒組成【土地公會 tho2-ti7-kong1 hue7】或「福德會」共宴。

〔註33〕林曙光《打狗歲時記稿》，頁 4。
〔註34〕林曙光《打狗歲時記稿》，頁 6。
〔註35〕劉還月《台灣歲時小百科》（台北：臺原出版社，1989 年），頁 103。
〔註36〕有不同讀音：tho2-ti7-kong1、tho2-li7-kong1，董忠司《臺灣閩南語辭典》，頁
1457。
〔註37〕「二」，台語讀音：ji7、li7（文）；nng7（白）。董忠司《臺灣閩南語辭典》，
頁 820。
〔註38〕陳正之《台灣歲時記──二十四節氣與常民文化》，頁 47。
〔註39〕【牙 ge5（白）、ga5（文）】，舊時爲買賣雙方撮合從中取得佣金的人。【牙祭
ge5-tse3】，舊時工商業規定店員、徒工每月初二、十六給肉食。大陸版《辭
源》，頁 1070。
【做牙 tso3-ge5】，商家於農曆每月初二、十六日備牲禮祭拜土地公和孤魂野
鬼等，祈求生意興隆。董忠司《臺灣閩南語辭典》，頁 328。

　　諺語：【食頭牙，撚喙鬚。tsiah8 thau5-ge5，lian2 tshui3-tshiu2】【神明得
　　　　金，弟子趁飲。sin5-bing5 tit4 kim1，te7-tsu2 than3 im2】〔註40〕
　　　　（押 im 韻）。

【牙 ge5（白）/ga5（文）】，原指市集交易的經紀人。古代期約易牧稱爲「互
市」，唐代因書「互」似「牙」，故轉書爲牙。自唐末稱交易仲介者爲牙人、
牙儈、牙郎或牙保；以經營貿易爲業之商行稱爲牙行；營業執照是爲「牙
帖」；營利所得稅稱爲「牙稅」；佣金則謂「牙錢」；每月初二、十六日供員工肉食
即爲「牙祭」。

　　台灣工商業者每逢初二、十六日則以牲醴、金紙祭祀土地公，俗稱「做
牙」。其中農曆二月初二首度做牙謂之「頭牙」，農曆十二月十六日則稱「尾
牙」。這種「做牙」習俗顯然是由古代朔望互市、牙祭之俗演化而來。

　　爲什麼【做牙 tso3-ge5】會變成爲祭拜土地公的日子？這要追溯到古代社
稷神祭祀。由於人們將作物豐收與生意興隆都歸於土地公的保佑，即將土地
公當作財神爺。另爲感謝神將天兵協助巡狩保衛庄頭，所以商家在初二、十
六；一般家庭則於初一、十五兩次拜祭，就是作牙和犒將、兵。

　　【二月踏草青，新娘生後生。ji7 gueh8 tah8 tshau2 tsenn1，sin1 niu5 senn1
hau7 senn1。】（押 enn 韻）；慣例清明在二月下旬，新娘要踏青上祖墳以求早
生麟兒〔註41〕。

　　農曆【三月 sann1-gueh8】【清明節 tshing1-bing5-tseh4】，俗稱【三日節
sann1-jit8-tseh4】，在冬至後的第一零五天，是繼上元而後的次一個重要節
日。清明節主要是【掃墓 sau3-bong7】，分爲【掛紙 kua3-tsua2】和【培墓
pue7-bong7】。「掛紙」又叫【硩紙 teh4-tsua2】、【硩墓紙 teh4-bong7-tsua2
〔註42〕】，所用的「墓紙」呈長方形，顏色有黃、白和五色等三種。掛紙之
前，先鏟除墓上叢生的野草，再將墓紙兩三張一疊折作波紋狀，用小石頭分
別壓在墓頭、墓碑和墓旁的「后土」上。「掛紙」後，還準備簡單供品來祭
墓，燒紙錢。

　　【培墓 pue7-bong7】是較隆重的祭墓儀式，通常新墓要連續培墓三年，
培墓要準備三牲（祭后土）、五牲和菜碗（祭墓）。培墓之後要剝鴨蛋殼丟在
墓上，象徵新陳代謝，生生不息。然後焚化紙錢、點燃鞭炮。早期農業社會，

─────────────

〔註40〕林曙光《打狗歲時記稿》，頁 12。
〔註41〕林曙光《打狗歲時記稿》，頁 11。
〔註42〕董忠司《臺灣閩南語辭典》，頁 1295。

只要一聽到墓地傳來鞭炮聲，就有許多兒童圍過來，等候掃墓的人家分贈墓粿。墓主會將祭畢的紅龜粿……等分給他們，這種習俗叫做【挹墓粿 ip4 bong7-kue2】〔註43〕，意謂「祖德流芳」。同時意味請住在墓地附近的兒童，幫忙看管墳墓，不要讓牛隻隨意踐踏或破壞。墓粿不夠分發時，就以硬幣來代替。否則牧童會唸道：

〔挹墓粿，挹無了家伙，

　　ip4 bong7-kue2，ip4 boo5 liau2 ke1-hue2，（押 ue 韻）

　　挹墓龜，挹無死姐夫。

　　ip4 bong7-ku1，ip4 boo5 si2 tse2- hu1。（押 u 韻）〕〔註44〕

上句挹不到粿，主人會破產，下句更毒了。

　　有一首童謠深刻描述「培墓」的情節如下：

〔紅田嬰，紅貢貢，ang5-tshan5-inn1　ang5-kong3-kong3，

　　騎牛騎馬去培墓，khia5-gu5 khia5-be2 khi3 pue7-bong7，（押 ong 韻）

　　大兄排紅龜，tua7-hiann1 pai5 ang5-ku1，

　　二兄排牲醴，ji7-hiann1 pai5 sing1-le2，

　　三兄燒香與點火，sam3-hiann1 sio1-hiunn1 kap4 tiam2-hue2，

　　飼牛囡仔圍來挹墓粿，tshi7-gu5-gin2-a2 ui5 lai5 ip4 bong7-kue2，

　　（押 ue 韻）

　　墓粿分無到，bong7-kue2 pun1 bo5-kau3，

　　豆乾鴨卵提來湊。tau7-kuann1 ah4-nng7 theh8 lai5-tau3。（押 au 韻）〕

台灣民間習俗有長子娶媳婦、添丁生子或置產，要培墓感謝祖先庇蔭。培墓時都點一對「姓氏燈」，祭拜前於墓前燃燭祭祀，將燭火放進燈罩內，沿途不可熄滅。回到家裡，立刻把燈放在祖先靈桌前，相傳姓氏燈，具有「添丁發財」之意。如果一路不熄，則表示子子孫孫繁茂吉兆。現在火葬風氣漸盛，祖先骨灰奉祀於佛塔或納骨塔增多，掃墓也簡化許多。大都以鮮花、水果為祭品，聊表孝思。

〔註43〕董忠司《臺灣閩南語辭典》，頁 521。【挹 ip4】，提網；用提網抓物。【挹墓粿 ip4 bong7-kue2】有不同的用字：印 in3、臆 ioh4。

〔註44〕洪惟仁《臺灣禮俗語典》，頁 321。

　　台灣清明節也有【踏青 tah8 tsenn1】的風俗，又叫踏青草，就是到郊外遊走的意思。

　　俗話說：【清明無轉厝無祖，tshing1-bing5 bo5 tng2 tshu3 bo5 tsoo2，
　　　　　　過年無轉厝無某。kue3-ni5 bo5 tng2 tshu3 bo5 boo2。】
　　　　　　（押 oo 韻）

由此可看出過年過節對國人的重要性。

　　農曆三月有很多神明的生日，如初三是玄天上帝的生日；十五日是保生大帝的生日；二十三日是天上聖母的生日；這三個神明有很多信徒，袖們千秋祭典常有盛大的迎神賽會，有時與進香、巡境合併舉行。

　　初三，上帝公生。諺云：【三月初三，左營寒死老大 sann1-gueh8 tshe1 sann1，tso2 iann5 kuann5 si2 lau7 tua7】，春寒料峭。又云：【上帝公高俍〔註45〕，做戲兼培墓。siong7-te7-kong1 ko1 liong7，tso3 hi3 kiam1 pue7-bong7。】（押 ong 韻），可見也是做三日節〔註46〕。

　　十五日，大道公生。

　　諺云：【大港人儉腸凹肚〔註47〕，tai7-kang2-lang5 khiam7 tng5 neh4 too7，
　　　　　　儉到三月十五。khiam7 kau3 sann1-gueh8 tsap8 goo7。】〔註48〕（押
　　　　　　oo 韻）

　　民眾爲拜拜而儉省。【大道公 tai7-to1-kong1】又名【吳眞人 ngoo5-tsin1-jin5】，這位號稱【保生大帝 po2-sing1-tai7-te3】的醫神，是數百年前移民聚落，在當時蠻荒瘴癘的台灣開拓時所不可沒有的健康守護神。

　　十九日，太陽公生，太陽公影射殉國煤山的明思宗；高雄塩埕、塩埕埔、前金三庄有一尊輪祀的太陽公。

　　二十日，註生娘娘生。

　　諺云：【三月二十，人看人 sann1-gueh8 ji7-tsap8，lang5 khuann3 lang5】台北市大龍峒一帶的古諺。保安宮的西廡供有註生娘娘及陳靖姑，祭典是三月二十，來祭者多屬求子的婦人，因此引來不少喜歡品花人士，故有此諺。〔註49〕

〔註45〕俍 liong7、lang7】身材高挑。
〔註46〕林曙光《打狗歲時記稿》，頁 19。
〔註47〕儉腸凹肚 khiam7 tng5 neh4 too7】，飲食非常儉省；形容極度節省。董忠司《臺灣閩南語辭典》，頁 733。
〔註48〕林曙光《打狗歲時記稿》，頁 19。
〔註49〕徐福全《福全台諺語典》，頁 41。

二十三日，媽祖生，【媽祖 ma2-tsoo2】是航海的守護女神，在台灣的歷史最久，祂的身邊站立兩位侍從神「千里眼」與「順風耳」協助媽祖在台灣海峽進行救難工作。但今日的「媽祖」已經是民間的萬能女神。【三月猾〔註50〕媽祖 sann1 gueh8 siau2 ma2-tsoo2】北港朝天宮、大甲鎮瀾宮浩大進香活動，反映群眾熱心參與和祈願寄託。

俗信：【大道公，媽祖婆鬥法，風雨齊到。tai7-to7-kong1 ma2-tsoo2-po5 tau3 huat4，hong1 hoo7 tsiau5 kau7。】

三月十五日，大道公生，媽祖婆報風，要吹走保生大帝烏巾；三月二十三日媽祖生，大道公報雨，要淋濕天上聖母花粉〔註51〕。

三月間天氣不穩定，經常有風雨，民間以為是大道公與媽祖鬥法的結果。

第三節　夏的行事

農曆【四月 si3-gueh8】，農事較閒，有些聯庄性的迎神賽會在這個時候舉行，如龍井、大肚地區的西保二十庄迎媽祖在四月舉行，彰化南瑤宮十個媽祖會中有很多會媽在四月中【過爐 kue3-loo5】，即將神明及其香爐迎到輪值的角頭爐主家，所有會員並進行【會食 hue7-tsiah8】。

【過爐 kue3-loo5】信徒到廟裡祈求符仔、香火時，要持所求之物，在香爐上繞一圈，以得靈氣〔註52〕。

初八，洗佛節，釋迦牟尼佛誕辰。

十四日，仙公呂祖生，為八仙之一，木柵仙公廟香火鼎盛，高雄旗後有呂祖祠。

二十六日，神農大帝、李府千歲生日。

二十七日，范府千歲生日。

農曆【五月 goo7-gueh8】初五【端〔註53〕午節 tuan1-ngoo2-tseh4】，又稱「端陽節」。俗稱【五日節 goo7-jit8-tseh4】、【五月節 goo7-gueh8-tseh4】，也有人說【肉粽節 bah4-tsang3-tseh4】。端午節是民間重要節慶，許多習俗，大致分為兩方面：一是辟邪；一是娛樂。【未食五日粽，破裘毋甘放。bue7 tsiah8

〔註50〕台語【猾siau2】，瘋。董忠司《臺灣閩南語辭典》，頁1172。
〔註51〕林曙光《打狗歲時記稿》，頁20。
〔註52〕董忠司《臺灣閩南語辭典》，頁691。
〔註53〕「端」，即「初」的意思，初五為端五，干支逢午，故名。

goo7 jit8 tsang3，phua3 hiu5 m7 kam1 pang3。】（押 ang 韻），台灣端午一過，氣候不會忽冷忽熱。

　　台灣地處亞熱帶，早期大陸移民多無法適應這裡氣候，死於瘴癘時疫者，時有所聞，所以辟邪顯得格外重要。有長命縷、插菖蒲、【艾葉 hiann7-hioh8】、飲【雄黃酒 hin5-hong5-tsiu2】、吃角粽等習俗。

　　諺云：【插松（榕），較健龍；tshah4 tshing5，khah4 kian7 ling5；

　　　　　插艾，跤手輕健。tshah4 hiann7，kha3 tshiu3 khin1 kian7。】

長命縷就是五彩絲線，將老虎、花、果、八卦等各種形狀的香囊繫在小孩臂上或掛在項間，可以辟邪。菖蒲、艾葉要剪作劍狀掛在大門上，另外燒水沐浴可防百病。雄黃酒是在酒裡放雞冠石所釀成的酒，飲雄黃酒可祈求身體健康，又在圍牆壁下灑酒，可防毒蟲、毒蛇。端午節吃角粽起源於弔祭屈原，這天也要用粽子祭拜神明，至於在喪期中的家庭，必須由親友餽贈粽子，俗稱【送節 sang3-tseh4】，喪家要用冰糖回禮。

　　另外，台灣習俗傳端午節吃桃、茄子及荣豆，可以健康、長壽。

　　俗話說：【食茄食到會搖，tsiah8 kio5 tsiah8 kau3 e7 io5，（押 io 韻）

　　　　　食豆食到老老。tsiah8 tau7 tsiah8 kau3 lau7 lau7。（押 au 韻）】

古時家家戶戶還有打【午時水 ngoo2-si5-tsui2】風俗。指的是端午節中午（午月午日午時）打上的井水，可以保存，有清涼退熱之效〔註54〕。據說午時水用來泡茶釀酒特別香醇，生飲甚至具有治病的奇效。

　　俗語說：【洗午時水，無肥亦婿。se2 ngoo2-si5-tsui2，bo5 pue5 ia7 sui2】

　　　　　（押 ui 韻）

　　　　　【午時洗目睭，ngoo2-si5 se2 bak8-tsiu1，

　　　　　明到若烏鶖〔註55〕。bing5 kah4 na2 oo1-tshiu1】（押 iu 韻）

　　　　　【午時水啉一喙，ngoo2-si5-tsui2 lim1 tsit8 tshui3，

　　　　　卡好補藥吃三年。khah4 ho2 poo2 ioh8 tsiah8 sann1 ni5】。

　　台灣每到端午節各地多有划龍船競賽，俗稱【扒龍船 pe5 ling5/liong5 tsun5】，扒龍船前後有許多儀式：五月初一，燒香點燭、打鼓、划龍船至水邊陸上，叫做【迎水神 gia5 tsui2 sin5】，之後將龍船放在岸上，決定「爐主」等

〔註54〕董忠司《臺灣閩南語辭典》，頁 952。

〔註55〕【烏鶖 oo1-tshiu1】鳥名，全身黑色，在臺灣農村常可見烏鶖停在水牛背上，吃蝨子。董忠司《臺灣閩南語辭典》，頁 962。

負責人。初二在爐主家中開「龍船會」，決定有關事宜。初五當天，所有船員肩扛龍船，敲鑼打鼓遊行，沿街民眾鳴炮燒香禮拜，之後才將龍船放入水中比賽。台灣民歌中有描述這個情景：【五月五，龍船鼓，滿街路。goo7 gueh8 goo7，ling5 tsun5 koo2，mua2 ke1 loo7。】（押 oo 韻）。賽過龍船，還要在初十【送水神 sang2 tsui2 sin5】，並舉行【謝江 sia7 kang1】的儀式。

日治時代，屏東縣佳冬鄉，還有【打石戰 phah4-tsioh8 tsian3】的習俗，打石戰以村落為單位，組織一如軍隊，男人在前線擲石作戰，婦女在後方運送石頭，戰況激烈時，動輒造成傷亡。戰勝一方可至戰敗的村子大肆吃喝一番，戰敗的村民則落荒而逃。這項奇特習俗，據說可保一整年好運，當地人樂此不疲，但因常造成傷亡而被禁止。

五月十三日是關帝君的生日，有些地方也在十三日迎城隍。

台北俗諺：【五月十三，人看人 goo7-gueh8 tsap8 sann1 lang5 khuan3 lang5】，描寫台北大稻埕霞海城隍廟的廟會活動盛況。

在新北市《雙溪相褒歌》裡也收錄一首「五月十三鬧熱擺」的唸謠，四句押尾韻，頗有趣味。

〔五月十三鬧熱擺，goo7-gueh8 tsap8 sann1 lau7 jiat8 pai2，

　　吩咐娘仔汝著來，huan1-hu3 niu5-a2 li2 tioh8 lai5，

　　來到君厝个所在，lai5 kau3 kun1 tshu3 e5 soo2-tsai7，

　　車錢所費君來開。，tshia1-tsinn1 soo2-hui3 kun1 lai5 khai1。〕

　　（押 ai 韻）

大意是說：五月十三城隍出巡的日子，妳（愛人）一定要來，只要妳來到我家，所有旅費和開銷都由我來負責。〔註56〕

十八日，張天師生，道士壇祭典。

農曆【六月 lak8-gueh8】，俗稱【六月天 lak8-gueh8-thinn1】，盛暑，一年之中天氣最炎熱的時候。故有【三伏 sam1-hok8】之說，即以夏至日起，十天為一伏，稱為頭伏、中伏、末伏。由於夏伏較熱，食慾不振，故人們需善自珍攝。而新婚的新娘，初伏時就被娘家接回，小住攝身，以免過累，稱為【歇熱 hiok4 juah8】；結婚較久的也可趁此回娘家小住，省親敘舊。這一習俗雖則逐漸不流行，而宜蘭地區仍有此習，在六月初六、或十六、二十六，任選一日返回娘家，也是【歇熱 hiok4-juah8】的遺習。

〔註56〕林金城《雙溪相褒歌》（新北市：昊天嶺文史工作室，2005 年），頁 25。

六月六日的重六，民間照例也有節日，即是【天貺節 thinn1-hing7-tseh4】，也就是天將賜福給人間的日子。台灣民間相信這天【天門開 thinn1-mng5 khui1】，有事祈求也較爲靈驗，故常備辦牲禮等物前往寺廟祭拜祈福，而廟方也有舉行法會，誦經禮懺，消災植福。一般寺廟有爲善信【補運 poo2-un7】的，平常多在初一、十五或例假日，到六月六日更被視爲補運的好日子，由紅頭法師以【替身 the3 sin1】（草人或紙人）爲補運者在身前身後劃三和七次，安鎮三魂七魄；然後呵一口氣將替身丟棄，歹運隨之而去。祭品則以米糕爲主（或用白米），上置熟蛋一個及龍眼十二顆，等法師誦經並上疏文後，即剝除蛋殼及龍眼殼，以寓【脫殼 thuat4-khak4】去除歹運之意，再將蛋及龍眼肉吃完。這一天行補運是較有效，故廟裏也特別熱鬧。

六月梅雨已過，故以六月六日爲【曝衣節 phak4 sann1 tseh4】，諺語有云：【六月六，曝龍袍。lak8-gueh8-lak8，phak4 liong5 phau3】民間即在此日曝曬衣被、圖書等物，主要的就是去除梅雨的霉氣，並準備曬後收藏冬衣。

六月十五日，俗稱【半年節 puann3-ni5-tseh4】或【過半年 kue3-puann3-ni5】，漳州人各家搓圓仔祭拜家神，做【半年圓仔 puann3-ni5 inn5-a2】代表吉利。這一天也是城隍爺生日，民間有盛大的迎城隍。城隍是地獄神，迎城隍時七爺八爺會出來，爲七月的普渡，揭開陰間世界的序幕。

【六月多 lak8-gueh8-tang1】，夏季收獲的農作物。

十七日，池府千歲誕辰。

十九日，佛祖生，爲觀世音菩薩出家日。

廿四日，關帝爺生。

三十日，收兵，各廟宇犒賞五營兵將後收兵，防止與好兄弟衝突。

第四節　秋的行事

農曆【七月 tshit4-gueh8】俗稱【鬼節 kui2-tseh4】，【七月時仔 tshit4-gueh8 si5 a2】，指農曆七月，即【鬼月 kui2- gueh8】。初一開【鬼門關 kui2-mng5-kuan1】，下午四點起都在門口掛上【普渡 phoo2-too7】公燈的燈籠，上面寫著【慶讚中元 khing3 tsan3 tiong1-guan5】等字句，門前擺上供品，燒香燒紙錢祭拜孤魂野鬼，二十九日或三十日月尾關鬼門，拜普渡公、好兄弟後謝燈腳。一整月是無主鬼魂的放假日，民間諸事不宜。

　　七月初七是【七夕 tshit4-sik4】，是兒童保護神，【床母 tshng5-bo2】和【七娘媽 tshit4-niu5-ma2】（織女星）的生日。諺云：【牛郎東，織女西 gu5 nng5 tang1，tsit4 lu2 sai1】。有【七夕祭 tshit4-sik4 tse3】和【乞巧會 khit4-khiau2-hue2】等風俗。七娘媽是兒童的保護神，許多有未滿十六歲的家庭，都要給七娘媽【摜〔註57〕絭 kuan3-kng3/ kuinn3】（揹絭）對七娘媽許願的人，在滿十六歲成年的這天【脫絭 thuat4- kng3/kuinn3】，以豬羊等供品祭拜還願，答謝七娘媽的庇佑。

　　台南地區盛行【做十六歲 tso3 tsap8 lak8 hue3】，凡家中有滿十六歲成年的。家長都會帶著子女前往開隆宮還願，除攜帶供品祭拜外，還有一象徵子女成年的儀式：父母手持七娘媽亭立於神案前，子女匍匐穿過供桌及七娘媽亭，男孩起身後須往左繞三次，女孩起身後須往右繞三次，稱爲【出婆姐間 tshut4 po5 tse2 king1】。祭拜供品中，較特殊的有【甜芋 tinn1 oo7】，取其【食甜芋，才有好頭路 tsiah8 tinn1 oo7，tsiah4 u7 ho2 thau5 loo7】（押 oo 韻）的好口彩。

　　【乞巧會 khit4-khiau2-hue2】，是女子在這天晚上月下擺上香案，供上鮮花、水果、香粉、胭脂等，向天乞求賜給像織女一樣的巧手，所供的香粉和胭脂，一半灑向天，一半留下自己用，據說可使自己變得更美。此外，對著月亮能順利穿針引線，也是手藝大進的好兆頭。

　　七月十五日是三官大帝中【地官 te7-kuan1】的生日，俗稱【中元節 tiong1-guan5-tseh4】，或【七月半 tshit4-gueh8-puann3】。普渡多在此時舉行。普渡又分爲【公普 kong1-phoo2】和【私普 su1-phoo2】，私普就是私人進行的普渡，往昔在某些地區內，有在七月整個月中，各村輪日普渡的習俗。各家在門口供五味碗（豬肉、魚、雞、鴨、其他一味）、糕、酒、飯菜，供品上各插香一支以祭拜【好兄弟 ho2-hiann1-ti7】，俗稱：【拜門口 pai3-mng5-khau2】。

　　公普又叫【廟普 bio7-phoo2】，廟普也就是中元祭，各村落同一天在各廟舉行祭典。之前先在廟前豎立【燈篙 ting1-ko1】，做爲招魂的目標。至於水中孤魂野鬼，則【放水燈 pang3 tsui2 ting1】引導到廟裡普渡。普渡場所，設有【普渡壇 phoo2-too7-tuann5】、【孤棚 koo1-penn5】，普渡壇上懸有道教的三官大帝像，或佛教的三世如來像，前面高高地放著三個盛米的【燈斗 ting1-tau2】，接著是供桌，供上豐富的牲禮、看碗、看果……等，祭品之中又以雞、鴨居

〔註57〕【摜 kuan3、kuann7】，含、帶。董忠司《臺灣閩南語辭典》，頁687。

多。

　　本省有【七月無閒和尚 tshit4 gueh8 bo5-ing5 hue5-siunn7】的俗諺，形容和尚在七月非常忙碌，乃因民間請僧眾在「盂蘭盆會」上誦經禮懺，施放焰口。

　　俗話說：【七月半鴨，毋知死活。tshit4 gueh8 puann3 <u>ah</u>4，m7 tsai1 si2 u<u>ah</u>8。】（押 ah 韻）（比喻大禍將臨頭而還不知）。
孤棚埋設供品排列的柵欄，信徒把豬肉、魚、雞、鴨、飯菜等裝進竹籠，抬到孤棚內上供祭拜。普渡程序結束，則有【搶孤 tshiunn2-koo1】、【搶旗 tshiunn2-ki5】的習俗，超渡完畢，銅鑼一響，上千群眾爭相搶奪供品，激烈場面常引起死傷。

　　故日據時期遭禁，此風乃止。光復後雖曾一度舉辦，也因政府勸導而中止；直至近年來逐漸經由改良後，才有部份地區恢復試辦，如屏東恆春、宜蘭頭城等。孤棚乃由四根電線桿架起，祭品及彩旗仍供置棚上，電線桿上塗滿牛油，參賽者共四隊，在法師施食後，即由主辦者下達號令，與賽隊伍即需以團隊合作，攀爬而上，以先上搶得頭旗者為勝。

　　【大普，餓死鬼 tua7 phoo2，go7 si2 kui2】大普，因普度的東西不夠，反而會餓死鬼。引申徒具虛名，而無實際。〔註58〕

　　傳統普度祭品，都有代表性含義。據笨港合和會考證，要有代表五行的金（金針）、木（木耳）、水（水粉）、火（金菇）、土（筍乾）；六大吉祥的筍（節節高升）、魚（年年有餘）、松（松鶴延年）、蟳（三元及第）、牡丹（富貴吉祥）、蓮花（高風亮節），及各種具有特殊意義的糖果餅乾等。

　　普度用的斗燈是圓型米斗內置油燈、白米、七星劍（或桃木劍）、鏡、秤、涼傘、尺及剪刀等物，目的在祈福辟邪。安置斗燈成為建醮、普度活動主要經費來源。斗燈之安置分公私兩種，總斗燈是為境內全體民眾所設，也有以姓氏、族群、家庭為單位安置斗燈，基隆地區迎斗燈是以姓氏為單位。

　　斗內所放置白米、七星劍（或桃木劍）、剪刀皆為辟邪之物；尺、秤代表「衡知輕重」、「度量善惡」；鏡可照妖；油燈則有光明、添丁、興旺之意。民間認為斗燈象徵長明光亮、生生不息之生命，因此斗內油燈須長明不熄，油燈熄滅則表示斗燈所屬族群將有厄運。

　　【長工望落雨，乞食望普渡。tng5-kang1 bang7 loh8-h<u>oo</u>7，khit4-tsiah8

〔註58〕吳瀛濤《臺灣諺語》（台北市：台灣英文出版社，1975、1979年），頁23。

bang7 phoo2-too7。〕（押 oo 韻），長工指昔日長期在主人家工作、吃、住的人，下雨時，長工不必出去工作得以休息；普渡時豐盛的祭品，乞丐成群常能獲得豐收。〔註 59〕

【普渡歌 phoo2-too7 kua】描述民間普渡演戲，邀請親家來聯誼，但往昔交通不便，親家心理猶豫不決，最後沒有成行。

〔普渡來，卜做戲，phoo2-too7 lai5，beh4 tso3 hi3，

吩咐三，吩咐四，hun1 hu3 sann1，hun1 hu3 si3，

吩咐親家親姆，hun1 hu3 tshin1 ke1 tshin1 m2，

十五來看戲。tsap8 goo7 lai5 khuann3 hi3。

對竹跤，厚竹刺，tui3 tik4 kha3，kau7 tik4 tshi3，

對溪邊，驚跋死，tui3 khe1 pinn1，kiann1 puah8 si2，

對大路，嫌費氣，tui3 tua7 loo7，hiam5 hui3 khi3，

無著攏勿去。bo5 tioh4 long2 mai3 khi3。〕（押 i 韻）

臺灣彰化鹿港的鬼月甚至天天有節目，有人把它編成一首節目歌：

〔初一放水燈，初二普王宮，初三米市街，初四文武廟，初五城隍宮，初六在塗城，初七七娘生，初八新宮邊，初九興化媽祖宮口，初十港底，十一拜菜園，十二龍山寺，十三拜衙門，十四妖鬼埕，十五到舊宮，……三十龜粿店。〕

這三十天每天都有一地輪到公普，其中初一、十五和三十，這三天又叫「孝月頭」、「孝月半」、「孝月尾」，要擴大舉行〔註 60〕。

七月三十日，是地藏菩薩的生日，也有舉行祭典。地藏王管轄的陰間門這天要關起來，稱【關鬼門 kuan1-kui2-mng5】。七月過後，眾鬼又重歸祂的管轄。

陰司的大神是「東嶽大帝」，他率領「十殿閻羅王」統治十八地獄，其中第五殿的閻羅王就是生前斷案如神的「包公」。地獄亡魂的救主，是「地藏王菩薩」，祂與西天樂土「阿彌陀佛」搭配，協助亡靈往生極樂世界。

台灣民間十分怕鬼，認爲是人間一切苦難的來源。爲了對付這些餓鬼孤魂，在農曆七月足足一個月的時間來普渡，然後又請鬼王「大士爺」與「土地」「山神」的法力把祂們送回鬼門關，稱爲【押孤 ah4-koo1】，是結束中元

〔註 59〕陳憲國、邱文錫《實用台灣諺語典》，頁 319。

〔註 60〕洪敏麟主講，洪英聖編著《臺灣風俗探源》，頁 168～170。

普度的儀式，部份地區如基隆，多由鍾馗所職司，可由人扮演或以傀儡戲偶演出「跳鍾馗」，可說是較客氣的驅趕儀式。

　　台灣社會盛行亡靈崇拜，每月初二、十六的做牙祀門口公；七月普渡祀好兄弟以外，八月叫做【廟仔普 bio7-a2-phoo2】，都是亡靈崇拜的表現，所祀係無嗣枯骨，以有求必應被稱爲有應公，或以萬善同歸而稱爲萬善爺；打狗（高雄）地方例稱聖公、聖媽，其祠堂概稱廟仔、小廟或三片，因無門僅有三片壁而已。

　　七月禁止小孩游泳戲水，俗信七月間水中充滿水鬼，若戲水則易溺斃。

　　俗話說：【六月攏無巧〔註61〕，lak8-gueh8 long2 bo5 kha2，

　　　　七月頓頓飽。tshit4-gueh8 tng3 tng3 pa2。】（押 a 韻），
農曆六月無特殊的節慶，當然沒有豐盛料理可吃。七月拜拜多，每餐都吃得好、吃得飽。〔註62〕

　　或是：【七月頓頓飽，tshit4-gueh8 tng3 tng3 pa2，

　　　　八月攏無巧。peh4-gueh8 long2 bo5 kha2】（押 a 韻），
七月拜拜多，八月却不然。〔註63〕

　　農曆【八月十五 peh4-gueh8 tsap8-goo7】、【八月半 peh4-gueh8-puann3】是【中秋節 tiong1-tshiu1-tseh4】，民間重要的節慶，也是最優美浪漫的節日。月圓人圓，闔家團聚。這天也是土地公的生日（秋社），農民要巡田，在田頭田尾插以竹片夾土地公金，以感謝后土，稱爲安【土地公拐 tho2-ti7-kong1-kuai2】。到這個時候，一年的辛勞已到了尾聲，只等待最後收成的日子，一般人於是懷著感恩天（以【月娘 gueh8-niu5】爲代表，也是太陰星君（月亮）的生日）、地（以土地神做象徵，也是土地公的生日），來歡度這個節日。

　　中國人相信祈求月神的保佑，可以使全家團圓吉祥，因此中秋節要吃月餅，月餅就是象徵團圓。除了月餅，中秋節還吃柚子，又名【文旦 bun5-tan3】。中秋節前後適逢柚子盛產期，柚子理所當然成爲應節食品，因爲【柚 iu7】與【佑 iu7】諧音，華語「柚子」的諧音與「佑子」一樣，有保佑小孩的意思，也是希望月亮護佑的意思。其中又以麻豆的文旦肉白多汁，味道甜美，成爲極受人民歡迎的時令水果。

〔註61〕【巧 kha2】，珍奇，在此作特殊的美味。董忠司《臺灣閩南語辭典》，頁704。
〔註62〕董峰政《全鬥句的台灣俗語》（台北市：百合文化事業公司，2004年），頁38。
〔註63〕吳瀛濤《臺灣諺語》，頁22。

拜月時也供拜【米粉芋 bi2-hun2-oo7】，俗話說：【食米粉芋，有好頭路 tsiah8 bi2-hun2-oo7，u7 ho2 thau5 loo7】（押 oo 韻）。取【芋 oo7】、【路 loo7】的諧音來祈求祖先保佑自己找到好的工作。全家人在團圓的氣氛中，一邊吃月餅一邊賞月，叫做【拜月娘 pai3-gueh8-niu5】。中秋節的氣氛是寧靜、優美的，與其他熱鬧的節慶有很大的不同。

囡仔歌：〈拜月娘〉

〔拜月娘，拜月姊 pai3 gueh8-niu5，pai3 gueh8-tsi2，

好頭毛，好喙齒 ho2 thau5-mng5，ho2 tshui3-khi2，

大是兄，細是弟 tua7 si7 hiann1，se3 si7 ti7，（押 i 韻）

月娘姊仔，gueh8 niu5 tsi2 a0，

妳毋通共阮割耳仔。li2 m7-thang1 ka7 gun2 kua3 hinn1-a0。（押 a 韻）〕

舊俗裡，小孩不可以用手指頭指月亮。原因可能是：民風未開，以為月亮有神性；另外，俗說小孩耳後生了像刀瘡的潰爛就是被月亮割破的。

這首童謠有明顯的祈求意味。雙手合掌，對著月亮拜一拜，祈求月娘保佑孩子頭髮美麗、牙齒整齊健康，更期待月娘不要割小朋友的耳朵。〔註64〕

中秋夜從前還有：祭祀月神、賞月、偷著蔥，嫁好翁；偷著荣，嫁好婿、聽香、詩會、猜燈謎的習俗。

祭祀月神。這是一種簡單的祭典，在民間已經流傳久遠；必須在月空底下擺設香案準備一些簡單的祭祀用品，香爐、紅燭、月餅、新鮮的季節水果，由於月屬陰，故多由女子主持，俗諺有【男不拜月，女不祭灶。lam5 put4 pai3 gueh8，lu2 put4 tse3 tsau3。】之說。等到香火燒盡，便是祭禮完畢。

中秋夜時正逢秋高氣爽之際，古時便已盛行賞月活動。在古代中秋節婦女們最佳的外出社交機會，因為當時的婦女是幾乎很少出門的，而在中秋夜不僅可以外出活動，街上更是熱鬧非凡，可替平凡的生活帶來一些樂趣鬆弛心情。

相傳中秋節當天晚上愈晚睡愈長壽。而年輕的女孩在這天晚睡，可使她的母親長壽；另外，偷著蔥，嫁好翁。未婚的少女還有在中秋夜偷蔥的習俗，只要偷得別人的荣園中的蔥，就表示她將會嫁給一位好丈夫。

〔註64〕胡萬川、陳嘉瑞總編輯《潭子鄉閩南語歌謠集》（台中縣立文化中心，2002年），頁90。

聽香。聽香必須先在家中的神像前面燒香，然後再說出自己想問或想知道的事，向神明問卜事項，並請示持香出門的方向，便可持香出門。出門後，聽取路上所聞所見直到聽到神明所認可的答案為止。

中秋節風俗食俗，除了全國各地相似的吃月餅、柚子之外，各地區也都發展出各地中秋應景食品：如宰食水鴨公加茱、茱餅、烤肉……等。

【月餅 gueh8-piann2】的由來，則是與朱元璋抗元有關。相傳當時中原人不甘受蒙古人的統治，有志之士皆思起義抗元，當時朱元璋計劃在八月十五日起義，劉伯溫便想一計策，以月餅分贈同伴，裡面藏了紙條寫著「八月十五夜起義」，於是民眾紛紛響應，藉由吃月餅來通知起義，後來，流傳下來，就成為中秋節吃月餅的習俗了！

南部地區也發展出在中秋節吃麻糬的習俗。

北港中秋節節目很多，有團圓拜月、有祭祖拜神、廟邊中秋猜謎燈，還有到舊大橋看彩色燄火，溪岸賞月，吃月餅、文旦等，節目繁多。

據北港耆老說：以前小朋友最喜歡圍在一起點香，關〔註65〕「四腳神」（青蛙神）或關「椅仔姑」。

【關四腳神 kuan1 si3 kha1 sin5】要唸：

　　〔四腳神，四腳鬼，si3 kha1 sin5，si3 kha1 kui2，

　　　到咱兜，吃雞腿，kau3 lan2 tau1 tsiah8 ke1-thui2，（押 ui 韻）

　　　配土豆仁。phue3 thoo5-tau7-jin5。〕

【關椅仔姑 kuan1 i2-a2- koo1】要念：

　　〔椅仔姑，椅仔姑，i2-a2- koo1，i2-a2- koo1，

　　　到咱兜，吃雞肉絲菇。kau3 lan2 tau1，tsiah8 ke1-bah4-si1 koo1。〕

　　　（押 oo 韻）

他們又唱又跳，不久這些扮「四腳仔」和「椅仔姑」的孩子、椅子都會跳起來，真是不可思議。〔註66〕

〈關水雞仔神〉

　　〔水雞仔神，水雞仔神，tsui2-ke1-a2 sin5，tsui2-ke1-a2 sin5，

　　　請你八月十五，來食芋。tsiann2 li2 peh4-gueh8 tsap8-goo7，lai5

〔註65〕　【關 kuan1】，巫術。董忠司《臺灣閩南語辭典》，頁 680。

〔註66〕　《從笨港到北港》，國民小學教師自編鄉土教材系列雲林縣政府編印
　　　　http://cuy.ylc.edu.tw/~cuy14/eBook/ch10.htm

tsiah8-oo7。

來食清米飯，配鴨卵。lai5 tsiah8 tshing1-bi2-png7，phue ah4-nng7。〕

〔註67〕（前句押 in 韻；中句押 oo 韻；後句押 ng 韻）

農曆【九月 kau2-gueh8】初一，南斗星君聖誕。

九月九日，月日均值陽數，是重九，也是重陽，這天也是中壇元帥（太子爺）的生日。由於「九九」可作爲長久、長壽解；又加以重陽登高，並飲菊花酒諸習俗，都有輔體延年的養生效用。

重陽節又是敬老節，同時秋高氣爽，適合登高踏青。正巧台灣氣候，此時吹起無雨的北風，適宜放【風吹 hong1 tshue1】（即風箏）便成了很受歡迎的習俗。

俗話說：【九月九，kau2-gueh8 kau2，

風吹滿天哮〔註68〕。hong1 tshue1 mua2 thinn1 hau2。】

（押 au 韻）。

風箏種類繁多，除在外觀上爭奇鬥艷外，放風箏時又以【風吹相咬 hong1 tshue1 sio1 ka7】爲樂事，落敗墜地的風箏，往往成爲眾人搶奪目標，

俗話說：【風吹斷落土，hong1 tshue1 tng7 loh8 thoo5，

搶到破糊糊 tshiunn2 kah4 phua3 koo5 koo5】（押 oo 韻）。

戰敗一方則以

【風吹斷了線，hong1 tshue1 tng7 liau2 soann3，

傢伙去一半。ke1 he2 khi3 tsit8 poann3。】（押 oann 韻）

來形容自己損失的慘重。

十五日，吳府千歲廟會。

十九日是觀音生日，是九月中較大的神明千秋。

第五節　冬的行事

台灣農、漁村進入十月，即有【謝平安 sia7-ping5-an1】的習俗，在寺廟的年例活動中，爲了對於天地神明表達謝恩之意，通常都在收成之後舉行，較小型的是【作三獻 tso3-sann1-hian3】，而規模較大的則有祈安建醮，由地方

〔註67〕 胡萬川、陳益源總編輯《雲林縣閩南語歌謠集》（一）（雲林縣文化局，1999年），頁26。

〔註68〕【哮 hau2】，即鳴叫。

人士所組成的祭祀團體負責，禮聘道士團從事誦經禮懺，消災植福；也鳩金邀請戲班演出酬神戲，即是【謝平安戲 sia7-ping5-an1-hi3】。基本上這類年例活動都有【還願 huan5/hing5-guan7】的報謝性質，年頭所許的到此即一一償還，所以有些地方，與「謝平安」有關的醮典與演戲常會熱鬧一段時間。

農曆【十月 tsap8-gueh8】初十，水仙尊王壽誕。

【十月冬 tsap8-gueh8-tang1】則指秋收的季節；或春種秋收的農作物。

農曆十月十五日俗稱【下元 ha7-guan5】，是三官大帝中【水官 tsui2-kuan1】的生日。這一日是答謝天公眾神一年來的庇佑，要演【平安戲 ping5-an1-hi3】或稱為【年尾戲 ni5-bue2-hi3】、【冬尾戲 tang1-bue2-hi3】。下元節前後或冬至日是民間舉行謝平安、謝斗、謝燈等儀式法會的時節，表現對神明崇敬感恩。

【冬至 tang1-tsi3】是一年廿四個節氣中，最重要的節氣之一。這天太陽直射南回歸線，所以北半球白天最短，黑夜最長。冬至日期，每年都在陽曆十二月廿二或廿三日；陰曆則不太一定，大約不超過陰曆的十一月。冬至的湯圓，俗稱【冬節圓 tang1-tseh4 inn5】，拜過祖先的冬節圓，照例要粘貼一兩顆在門扉、窗戶、床櫃等處。據說，這些冬節圓，日後乾燥給小孩吃，能保佑小孩平安長大。

台語俗諺：

　　【冬節食圓仔加一歲。tang1-tseh4 tsiah8 inn5-a2 ke7 tshit8 hue3。】

　　【無冬節都欲挲圓，bo5 tang1-tseh4 to1 beh4 so1 inn5，

　　　無講冬節。bo5 kong2 tang1-tseh4。】

意思是沒機會都在找機會，有機會時怎能放過。

台灣民間也有在冬至【補冬 poo2-tang1】的習俗。俗話說：【補冬補喙孔 poo2 tang1 poo2 tshui3 khang1】（押 ang 韻）。民間相信冬至的進補，一方面增添過節的氣氛，另一方也較為有效。以往的飲食較需要趁著節日進補（食補、藥補），目前則已不太需要，不過由於過節的習俗仍在，因而仍然有許多家庭保存有冬至進補的傳統。

冬至的祭祖也是渡台初期既已傳承的，為古來宗族社會的祭祀禮俗。至今各地祖祠，在冬至日，各家各戶在早晨先用湯圓祭拜祖先；然後齊聚在祠堂內祭祀歷代先祖，並藉此機會讓後輩會見長輩；並在祭拜後聚宴。

十一月初一（新曆），鳳山雷公祠例祭，鳳山知縣曹謹，開鑿曹公圳，化赤地千里為良田，人民建祠祀之，年久失修，日本第四代總督兒玉源太郎蒞

鳳山贈金營修，並定每年十一月一日為曹公例祭，隆重舉行〔註69〕。

農曆【十一月 tsap8-it4-gueh8】、【十二月 tsap8-ji7-gueh8】就沒什麼重要神明的生日。年底所祭拜的對象多是與日常生活有關的，諸如土地公、地基主之類，都是與各家各戶所居住的土地有關。土地公信仰為古社祭之遺，而地基主則是家家戶戶先住家宅的祖靈。由於土地公已具有財神化的傾向，所以尾牙時依例要拜謝，也就是十二月十五、六前後；也在門口供五味碗，並焚更衣、銀紙等，以謝地基主。

十二月十六日是一年之中，最後一次做牙，稱為【尾牙 bue2-ge5】。舉行福德正神的祭典。各商家、農家備牲禮祭拜神明，之後商家老板宴請員工，慰勞一年來辛勞。往昔尾牙宴上，會有一道菜是全雞，如老板想解僱某位員工時，就會把雞頭對著那個人。

俗話說：【食尾牙面憂憂，tsiah8 bue2-ge5 bin1 iu1 iu1，

食頭牙撚喙鬚。tsiah8 thau5-ge5 lian2 tshui3-tshiu2。】（押 iu 韻）形容員工擔心被解僱時惶恐的心情。

俚俗：【一年換二四个頭家，tsit8 ni5 oann7 li7 si3 e5 thau5 ke1，

轉來厝裡食尾牙，tng2 lai5 tshu3 lai7 tsiah8 bue2-ge5/ga5，

也擱早早咧。ia7 koh4 tsa2 tsa2 leh0】〔註70〕（押 e 韻）。

農曆十二月二十四日【送神 sang3-sin5】，當天早上，各寺廟、人家都準備茶果、牲禮，並焚燒甲馬恭送諸神上天。送神後，家裡沒有神明，移動任何器物都不會觸怒神靈，所以一般人進行大掃除，俗稱【清塵 tshing1-tin5】、【清屯 tshing1 tun7】。大掃除當然有除舊迎新之意，在台灣還有句俚諺：【大摒厝，才會富 tua7 piann3 tshu3，tsiah4 e7 hu3】（押 u 韻）。因此家家戶戶都會除舊佈新，以迎接新年的到來。即只有清掃房屋才有發展。如果家裏在此年中因為有人喪亡，就不能大掃除。打掃完後，又要忙著【炊粿 tshue1-kue2】。

俗話說：【甜粿過年，tinn-kue2 kue3-ni5，

發粿發錢，huat4-kue2 huat4 tsinn1，（押 inn 韻）

包仔包金，pau5-ah4 pau5 kim2，

菜包食點心。tshai3-pau5 tsiah8 tiam1-sim1。（押 im 韻）】

各種年糕都有它的好口彩。「菜頭粿」（蘿蔔），取意「好采頭」；「發粿」取意

〔註69〕林曙光《打狗歲時記稿》，頁 66。

〔註70〕林曙光《打狗歲時記稿》，頁 70。

「發達」；「甜粿」則是一家甜蜜。所以自家蒸年糕時，常禁忌一些帶孝者、婦人有月事或兒童觸犯忌諱的話；又以所蒸出來的【發 huat4】的情況來卜新一年的年運。目前則逐漸有到市場買現成的，就少了這一種祈卜的情趣了。

　　【送神 sang3-sin5】俗傳，這一天，每家灶神帶諸神昇天述職，奏報天公〈即玉皇上帝〉，關於人間一年來之善惡功過，並朝賀新年。上帝即據諸神報告，定次年每戶之吉凶禍福。各家乃於是日早晨，供牲醴，焚甲馬，恭送灶神及諸神上天。供品中，用甜圓仔〈湯圓〉。祀後，將甜圓仔黏於灶嘴，使之口角生甜。

　　俗話說：【好話傳上天，壞話丟一邊。ho2-ue7 thuan5 siong2 thinn1，painn2-ue7 tan3 tsit8 pinn1。】（押 inn 韻）

意在上天奏好話，以求吉利。而為使諸神趁早昇天，在天宮佔好席位，俗信送神要在早晨，愈早愈妙。因而清早上香放炮祭神，並燒神馬〈畫有神馬畫像〉、壽金，以便諸神乘煙火早點上天。

　　又說：【送神風，接神雨 sang3-sin5 hong1，tsih4 sin5 hoo7】

為期諸神早刻上天，希求此日最好有風神助昇天，而於正月四日的接神，解為當日下雨正是神下降帶來的神雨。

　　廿五日為天神下降日。俗以此日，玉皇上帝帶領天神，代替廿四日昇天諸神，下降巡視，以賜人間吉凶。民間，為免觸犯，乃有禁忌，如忌吵架、損壞杯碗器具等。是日不得向人催討債務，否則雖被催討，可免還債云。

　　台灣俗語：【二四送神，二五挽面。ji5 si3 sang3-sin5，ji5 goo7 ban2 bin7。】（押 in 韻）

婦女在二十五日要【挽面 ban2-bin7】拔除臉毛修整儀容，準備迎接新年。

　　諺云：【穿裙穿襖〔註71〕，不值梳頭挽面好。tshing7 kun5 tshing7 o2，m7 tat8 se1 thau5 ban2 bin7 ho2。】（押 o 韻）。

同時剃頭店開始加價〔註72〕。

　　【十二月工，無閒梳頭鬃。tsap8 ji5 gueh8 kang1，bo5 ing5 se7 thau5 tsang1】（押 ang 韻），到了十二月年底時，農事、節慶的工作都要忙著，忙到沒時間打理自己，甚至沒空梳頭髮打扮。〔註73〕

〔註71〕 【襖 o2】，有襯裡的外衣，如【棉襖 mi5-o2】。《集韻》襖，袍也。今以衣長者為襖。見董忠司《臺灣閩南語辭典》，頁 955。
〔註72〕 林曙光《打狗歲時記稿》，頁 71。
〔註73〕 董峰政《全鬥句的台灣俗語》，頁 52。

【大人亂操操，囡仔愛年兜。tua7-lang5 luan7 tshau1 tshau1，gin2-a2 ai7 li5 tau1】（押 au 韻），大人正忙於年關的時候，小孩却因過年到了最高興。

【大人煩惱無錢，囡仔歡喜過年。tua7-lang5 huan5-lo2 bo5 tsinn1，gin2-a2 huann1-hi2 kue3-ni5】（押 inn 韻）。〔註74〕

【除夕 ti5-sik8】稱為【過年暗 kue2-ni5-am3】，意為舊歲至此夕而除，隔日換新歲。除夕夜，俗稱【二九暝 ji7 kau2 me5】或【三十暝 sann1 tsap8 me5】，視臘月大小而定。當天下午，家家都要供拜牲禮，祭神祀祖，稱為【辭年 si5-ni5】。

此外還要在廚房祭拜灶神，又用五味碗在門口拜好兄弟、拜地基主，這些年終連串的祭拜都有謝恩、辭歲之意。

供品中都有意味深長的食物，如象徵吉祥的柑橘堆成的柑塔，象徵步步高升的年糕，和象徵歲有餘糧的春飯。春飯是在飯上插春字的剪紙或紙花，稱為【飯春花 png7-tshun1-hue1】、【春仔花 tshun1-a2-hue1】，台語【春 tshun1】與【賰 tshun1】諧音，取【年年有餘 ni5 ni5 iu7 u5】、【年年有賰 ni5 ni5 u7 tshun1】的意思。

在除夕習俗中，一家人團聚吃飯的【圍爐 ui5-loo5】，是較能表現年終【團圓 thuan5-inn5】之意的。年夜飯，通常人們都會煮【一大鼎 tsit4 tua7 tiann2】的火鍋，【若食若開講 na2 tsiah8 na2 kai7-kang2】，煮得多就是希望有【賰 tshun1】（剩餘）俗話說：【食乎賰，年年賰 tsiah8 hoo7 tshun1，ni5 ni5 tshun1】（押 un 韻）。

所有菜餚也講究好口彩。全雞取【雞 ke1】、【家 ke1】的諧音，寓意【食雞起家 tsiah8 ke1 khi2 ke1】（押 e 韻）。韭菜取其【韭 ku2】與【久 ku2】的諧音，寓意長久。又多吃油炸類的食物，因為油炸象徵家道興旺。

在年夜飯中是不可少的，如：【長年菜 tng5-ni5-tshai3】【芥菜 kua2-tshai3】要一根一根從頭吃到尾，不橫吃、表示對父母祝壽，年壽才能長長久久；【菜頭 tshai3-thau5】表示好【彩頭 tshai2-thau5】；「全雞」象徵全家福（【雞 ke1】、【家 ke1】諧音）；吃【蚶 ham1】與【胖〔註75〕hang3、phong3】諧音，取其發福之意；吃【魚丸 hi5-uan5】、【蝦丸 he5-uan5】、【肉丸 bah4-uan5】，乃指【三

〔註74〕吳瀛濤《臺灣諺語》，頁 26。

〔註75〕【胖奶 hang3-ni1】嬰兒吸收奶水後，長得白胖肥美。【胖 phong3 phue5】形容臉頰飽滿豐盈的樣子。

元及第 sann1 guan5 kip4 te1】〔註76〕之意（即【狀元 tsiong7-guan5】、【會元 hue7-guan5】、【解元 kai2-guan5】〔註77〕。餐桌上唯有魚不能吃，表示【過年食魚，年年有餘 kue2 ni5 tsiah8 hi5，ni5 ni5 iu2 i5】（押 i 韻）之意。

　　台灣俗話說：【長年菜食落喉，哲年錢才會到。tng5-ni5-tshai3 tsiah8 loh4 au5，teh4-ni5-tsinn5 tsia4 e7 kau3。】（押 au 韻）。【圍爐 ui5-loo5】後，長輩以【哲年錢 teh4-ni5-tsinn5〔註78〕】（壓歲錢）分給兒童，稱為【分哲年錢 pun1 teh4-ni5-tsinn5】。然後全家守歲。守歲的用意在不睏（困）——來年不窮困，同時也為父母祈求長壽，除夕夜又稱做【長壽夜 tng5-siu7-ia7】。

　　過去還有【跳火盆 thiau3 hue2 phun5】的習俗，年夜飯後，在門前點起一盆火，一家老幼男子，臉朝正廳，順序跳越火盆。跳時口中唸：

　　【跳火盆，飼豬較大船。thiau3 hue2 phun5，tshi7 ti1 khah4 tua7 tsun5】（押 un 韻）或【跳得過，富不退。thiau3 tit4 kue/ke3，hu3 bue7 the3】（押 e 韻）等吉祥詞句。

　　【過年暗 kue2-ni5-am3】，另有一種風俗叫【送做堆 sang3 tso3 tui1】〔註79〕，是使領養多年的【新婦仔 sin1-pu7-a2】（童養媳），在這天正式嫁給自己兒子。當圍爐後，老人家就囑咐兩人雙雙進房，結成一對夫妻。【過年暗送做堆 kue2-ni5-am3 sang3 tso3 tui1】多的原因，是因【過年暗 kue2-ni5-am3】係在十二月廿四日的送神以後，此時神已昇天不在，就利用神不在的時期結婚，免得擇日等儀式的麻煩。

　　台灣這種利用除夕團圓飯，讓小媳婦圓房的風俗在大陸各省少有。台灣客家地區，窮苦人家也有利用除夕團圓飯做為婚宴，以迎娶媳婦的風俗。〔註80〕

　　【過年暗 kue2-ni5-am3】守歲，通宵點燈【點年燈 tiam2-ni5-ting1】，到了天明，按曆書擇吉時，焚香放炮開門，迎接新的一年與新的福祉。

　　中國傳統社會以農為本，人們在長期的生產過程中，逐漸認識到季節更

〔註76〕封建科舉考試，鄉試、會試、殿試都是第一名，叫三元，即解元、會元、狀元。見大陸版《辭源》，頁 14。
〔註77〕解元，明清兩代鄉試第一名。見楊青矗《國台雙語辭典》（台北：敦理出版社，1992 年），頁 878。
〔註78〕董忠司《臺灣閩南語辭典》，頁 1295。
〔註79〕董忠司《臺灣閩南語辭典》，頁 1125。則用【摵做堆 sak4 tso3 tui1】，即圓房。
〔註80〕林衡道口述，鄭木金記錄《臺灣史蹟源流》，頁 540。

替和氣候變化的規律性。農事生活與節氣變化相互配合，便產生了一套自然循環的農事時序。寒來暑往，秋收冬藏，農村生活規律單調，而根源於人群的原始宗教心理和家族觀念，逐漸產生各項節日與迎神祭典，由於農村生產勞動多半是共同作業，歲時節俗雖被看作是農村娛樂的一種，卻具有共同性和普及性。

每逢農閒期，農民放下所有工作，共享迎神、拜佛、酒宴、演戲等歡樂。就忙著過年，一直到正月初接神，又開始一輪人神世界的密合〔註81〕。

因仔歌：〈過年〉

〔穿新衫，分新錢，tshing7 sin1 sann1，pun1 sin1 tsinn5，

因仔上愛過新年；gin2 a2 siong7 ai3 kue3 sin1 ni5，

摒掃貼春聯，piann3 sau3 tah4 tshun1 lian5，

準備欲過年；tsun2 pi7 beh4 kue3 ni5，

炮仔聲，響歸暝，phau5 a2 siann1，hiang2 kui1 mi5，

甜粿甜，圓仔圓，tinn1 kue2 tinn1，inn5 a2 inn5，

歸家伙仔攏團圓；kui1 ke1 hue2 a2 long2 thuan5 inn5。（押 inn）〕

〔註82〕

第六節　歲時節俗與台語

一、歲時節俗禁忌

（一）新年的禁忌

為求吉利，新正期間中，多有忌諱，例如：忌煎粿，此因忌粿煎焦〈【焦 ta1】（完、盡）字台語同【散赤 san3 tshiah4】（赤貧）之【赤 tshiah4】〉，解為不祥。

忌毀損碗盤瓷器，如不慎打破，則包紅紙，過完新正後棄入河中，念吉句：

〔摃破瓷，錢銀一大堆。kong3 phua3 hui5，kim1 gin5 tsit8 tua7 tui1。〕

〔註81〕林美容《台灣文化與歷史的重構》（台北：前衛出版社，1996 年），頁 136～138。
〔註82〕方南強主編《阿寶迎媽祖——歡喜念歌詩》，頁 32。

（押 ui 韻），以之化凶爲吉。

人與人之間，口不出惡言，不與人打架，父母不可打罵兒女。

也忌用白色，往昔，年糕都不用白糖，用烏糖。

忌以【甜粿 tinn1-kue3】（年糕）贈人。【甜粿】係拜神祭祖必需供品，不過若有尊長過世，喪家不得自製，而由媳婦娘家致送。所以無故贈人【甜粿】，無異詛咒受者將遭喪葬厄事，故列爲禁忌。

又忌食粥，俗以元旦食粥，這一年中遠行，必遇風雨不利。

忌正月初一吃藥。俗信新正期間生病吃藥會觸霉運，若遇急症，則要以紅紙包藥，以圖吉利。

忌正月初一殺生。殺生必見血，血光是不祥之兆。又動刀器亦屬凶災，所以正月初一忌殺生。

忌正月初一午睡，這是遵守古訓「宰予晝寢」衍生而來的禁忌。人們相信，男人這天午睡，他的【田岸會崩 tshan5 huann7 e7 pang1】（田畦會崩塌）；女子午睡，【灶跤會倒 tsau3 kha1 e7 to2】（廚房會生災變）。其意不外乎在新年頭一天，要精神飽滿，討個好兆頭。初一至初三忌午睡，因睡是死的象徵。

除夕忌圍爐後將垃圾丟棄屋外，和新正期間不倒垃圾一樣，恐財運外流。類此，可知新正求吉祥之切。

初一忌動鋤頭、動針線、殺雞鴨、忌提水、忌吃稀飯和甘薯、忌煎粿、忌吃藥、忌打小孩、忌啼哭、忌打破器物、忌打人、罵人、尤其忌罵「死人」。

忌在初三晚上點燈。初七忌遠行，初九忌曝衣（當日爲玉皇大帝誕辰，天公生）。

（二）七月禁忌

忌在屋內撐傘。鬼魂好躲於傘下，故傘收與否，都須置於戶外，等乾後，再收傘帶入。不然，鬼魂陰靈將從此自由進出，家中不得安寧。

普渡醮場，供桌之下，都須供臉盆清水，並備全新毛巾等用品，以使男女野鬼，都能滿意而去，地方因得寧靜無事。

中元普渡忌拜香蕉、鳳梨、梨子等果品。台語【蕉 tsio1】與【招 tsio1】；【梨 lai5】與【來 lai5】諧音，爲免招來不平靜的邪氣，所以不用。

中元普渡拜好兄弟，供桌須擺在屋簷之外。若供桌擺在屋簷下，必招致鬼魂佔據庭院，從此自由進出屋內，居家將不得安寧。

普渡溺斃者遊魂，須行「放水燈」的禮儀。「放水燈」必須在廟普的前夕

舉行。普渡溺斃者遊魂，以期不再發生捉人落水頂替。「放水燈」在超渡水鬼脫離苦海。〔註83〕

（三）祭祀的禁忌

忌不潔的人參加忌神，如：有月事的婦女、孕婦、產婦、帶孝者、未剃胎毛幼兒。

忌以手指指向神明或觸摸神像，中秋節時忌以手指指月。

忌以牛肉，狗肉祀神。

忌以饅魚、鱔魚祀神、忌以打鱗去鰓祭祀。

忌用食過的食物祀神。

忌用苦瓜、冬瓜、蕃石榴、祭神。

忌用苦苓木作供桌、忌用單碗祭神。

（四）除夕禁忌

除夕忌早睡，要守睡示長命。

除夕夜圍爐後忌還人錢財，並忌將垃圾倒到屋外。

二、台語民謠反映年俗演變

台灣風俗，原是隔海的閩南輸入的，但兩地環境不同，日子一久，風俗也漸有差異。流傳在閩南的一首過年民謠，對民國初年的閩南風俗，曾有這樣的描述：

（一）〔初一榮，tshe1-it4 ing5，

初二停，tshe1-ji7 thing5，（押 ing 韻）

初三無姿娘〔註84〕，tshe1-sann1 bo5 tsu1-niu5，

初四神落天，tshe1-si3 sin5 loh8 thinn1，（押 inn 韻）

初五天神降，tshe1-goo7 thinn1-sin5 kang3，

初六另空，tshe1-lak8 ling7 khang1，（押 ang 韻）

初七七元，tshe1-tshit4 tshit4 guan5，

初八團圓，tshe1-peh4 uan7 tsuan5，（押 uan 韻）

〔註83〕蕭達雄《台澎地區禮俗禁忌論說——台語說禁忌》（高雄：復文圖書出版社，2003 年），頁 79～82。

〔註84〕【姿娘 tsu1-niu5】舊雅稱女人，指十六歲以上的女性，多見於閩南地方戲曲本。周長楫主編《閩南方言大詞典》（福州：福建人民出版社），頁 32。

初九天公生，tshe1-kau2 thinn1-kong1-senn1，

初十藍相生，tshe1-tsap8 lan5 siong3 senn1，（押 enn 韻）

十一請囝婿，tsap8-it4 tshiann2 kiann2-sai3，

十二返去拜，tsap8-ji7 tng2 khi3 pai3，

十三食涪糜配芥菜，tsap8-sann1 tsiah8 am1-mue5 phue3 kua3-tsai3，（押 ai 韻）

十四結燈棚，tsap8-si3 kat4 ting1-penn5，

十五上元暝，tsap8-goo7 siong2-guan5-me5，

十六牛相生，tsap8-lak8 gu5 siong3 senn，（押 enn 韻）

孝大人過了又是天鄉 hau3 tua7-lang5 kue3 liau2 iu7 si7 thinn1-hiong1。〕〔註 85〕

▲註解

【榮 ing5】：吉慶、滿足、團圓、歡樂，百事順遂，好的開始，種種新春氣象，只在這一字中。一年的禍福吉凶都在這天決定，初一要有許多禁忌。

【停 thing5】：初二，婦女歸寧，大家跟初一一樣，休閒不做事。忙著互相拜年。

【姿娘 tsu1-niu5】，或作諸娘，新婦在娘家未返夫家。

【神落天 sin5 loh8 thinn1】，臘月廿四送上天去的神仙，又回到家戶來了。

初五天神降，據說天上會另派神祇到下界巡察善惡。台灣這天是商店重新開業的日子，似乎並無這套說法。

【另空 ling7 khang1】，不做事。初六仍然休息。

初七為人日。閩南，農家把五穀和蔬菜混合煮七寶湯；沿海漁民則用肉、魚、蔬菜合煮食之，算過七元。但台灣沒有這樣的風俗。

【天公 thinn1-kong1】，指玉皇大帝，這禮拜習俗是全國性的，家家需備牲禮供祀天公。閩南風俗規定這天祭天公時，家中大小都不能缺席。即是回娘家的新媳婦，也必須在前一天回家。初八團圓，即是指此。

初十藍相生，閩南已無遺跡，台俗更談不到。

【涪糜 am1-mue5】，肉食都淨盡了。糜，粥。

【暝 me5】，夜也。古字存於閩臺口語的一例。

〔註 85〕朱介凡《俗文學論集》（台北：聯經出版公司，1984 年），頁 286。

　　【牛相生 gu5 siong3 senn】，泉州、惠安、東園的傳說，土塑相公，他已接續了手足，到處追逐婦女，婦女們不甘受辱，將他頭上釘下三個釘子，讓他動彈不得。人們還怕他作怪，又多少要討好他，穿上新衣。按，這種土偶的民間崇拜，到後來漸漸少有了。

　　【孝大人 hau3 tua7-lang5】，備牲禮祭拜替身。大人是紙糊的人形，漳州叫「退身」，即替身。給它滿身掛戴紙錢，以替人避災禍。祭祀後焚化供逐疫之用。

　　【天鄉 thinn1-hiong1】，或說做清醮，是一鄉公共合併來敬天的，備豬羊，同敬天公。抬出幾尊土木偶，安在大轎內，旗幟牌面，鑼鼓喧天，巡行本鄉境內。道士吹法螺，巡查驅邪，戶主排香案迎接，家家戶戶都要請客。

　　比較閩南與台灣的新年民俗，就可知道即使兩者之間血緣關係如此密切，彼此之間也有很多差異。

　　民國初年，日本人池田敏雄曾著「臺灣人的家庭生活」一書，在所收輯的「艋舺月令」中有一首「新年行事歌」，內容如下：

　　（二）〔初一場，tshe1-it4 tiunn5，

　　　　　初二場，tshe1-ji7 tiunn5，

　　　　　初三老鼠娶新娘，tshe1-sann1 niau2-tshu2 tshua7 sin1-niu5，（押 iunn 韻）

　　　　　初四神落天，tshe1-si3 sin5 loh8 thinn1，

　　　　　初五隔開，tshe1-goo7 keh4 khui1，

　　　　　初六挹肥，tshe1-lak8 iunn2-pui5，（押 ui 韻）

　　　　　初七七元，tshe1-tshit4 tshit4 guan5，

　　　　　初八完全，tshe1-peh4 uan7 tsuan5，（押 uan 韻）

　　　　　初九天公生，tshe1-kau2 thinn1-kong1-senn1，

　　　　　初十有食食，tshe1-tsap8 u7 tsiah8 sit8，

　　　　　十一請囝婿，tsap8-it4 tshiann2 kiann2-sai3，

　　　　　十二查某囝返來拜，tsap8-ji7 tsa1-boo2-kiann2 tng2 lai5 pai3，

　　　　　十三食泔糜配芥菜，tsap8-sann1 tsiah8 am1-mue5 phue3 kua3-tsai3，（押 ai 韻）

　　　　　十四結燈棚，tsap8-si3 kat4 ting1-penn5，

　　　　　十五上元暝，tsap8-goo7 siong2-guan5-me5，

十六相公生。tsap8-lak8 siong3-kong1-senn。（押 enn 韻）〕〔註86〕

▲註解

【場 tiunn5】，指賭場。有的地方平時嚴禁賭博，而新年，城鄉到處都放賭了。

老鼠娶新娘，根源於新年人人恩惠萬物的感情所使然。有些地方，這天撒布食物於角落，讓老鼠歡宴，以博得牠感恩圖報，少咬壞一點東西。

【隔開 keh4 khui1】，指新年至今，玩樂當告一段落了。

【相公生　siong3-kong1-senn】，《臺灣通史》鄭成功，明天啓四年（1624年）七月十四生，換算爲陽曆八月二十七日，俗稱國姓爺生。而以正月十六日祀之，實有閃避清廷察曉的掩蔽作用。光緒元年（1875年），福建船政大臣沈葆楨請准清廷，建造鄭祠，乃由民間私祀，進而爲官方祀典。從此，每年正月十六日舉行大典。

與閩南新年民歌相比，可知雙方的新年習俗，只有初四、初七至初九、十一至十五，這九天完全相同，其餘七天，就不一樣。

閩南所說的「初一榮，初二停」，意在表示對元旦的重視，在台灣却變成趕賭博熱鬧的「初一場，初二場」了。「初三老鼠娶新娘」原是閩南某些地方的傳說，雖未列入歌詠，彼此還沒有太大差異。閩南「初十藍相生」的習俗，民初早無遺迹，改爲「初十有食食」，也不算太大的出入。歧異最多的，應是初五、初六、與十六這三天。

閩南「初五天神下降」，所以自新年以來積聚起來的便溺，一定要到初六才可倒掉。台俗在初六「挹肥」，正是由此而來。但台俗說「初五過開」，完全不重視祭神及禁忌的本意。至於閩南所謂「十六牛相生，孝大人過了又是天鄉」，在儀節行事上禮數甚多，台俗變成簡單的「相公生」，在習俗上必然有很多的簡化。

民國初年的閩南與台灣民俗，必然淵源於同一起源。在這裡已有這麼多的不同，此後相隔的時間愈久，彼此的距離必然愈大。〔註87〕

1929 年閩南籍的民俗學者謝雲聲所錄，載中山大學「民俗周刊」53、54期，更一直述到正月十七。

〔註86〕蘇同炳《台灣今古談》（台北：臺灣商務印書館，1976 年），頁 141。
〔註87〕參閱蘇同炳《台灣今古談》，頁 139～142。

（三）〈初一早〉（閩南地區）

〔初一早，tshe1-it4 tsha2

初二早，tshe1-ji7 tsha2

初三無甚巧，tshe1-sann1 bo5 sia2 khiau2/kha2，（押 a 韻）

初四神落天，tshe1-si3 sin5 loh8 thinn1，

初五過開，tshe1-goo7 kue3 khui1，

初六壅肥，tshe1-lak8 iunn2-pui5，（押 ui 韻）

初七七元，tshe1-tshit4 tshit4 guan5，

初八完全，tshe1-peh4 uan7 tsuan5，（押 uan 韻）

初九天公生，tshe1-kau2 thinn1-kong1-senn1，

初十地公生，tshe1-tsap8 te7-kong1-senn1，（押 enn 韻）

十一請囝婿，tsap8-it4 tshiann2 kiann2-sai3，

十二到來拜，tsap8-ji7 kau3 lai5 pai3，

十三食泔糜配芥茉，tsap8-sann1 tsiah8 am1-mue5 phue3 kua3-tsai3，（押 ai 韻）

十四相公生，tsap8-si3 siong3-kong1-senn1，

十五上元暝，tsap8-goo7 siong2-guan5-me5，

十六看大燭。tsap8-lak8 khuann3 tua7 tsik4。

十七倒燈棚。tsap8- tshit4 to3 ting1-penn5，（押 enn 韻）〕

▲註解

家戶敬祖先、拜神，寺廟上香，人家拜年，都要求其早，也顯得一年開頭的好精神。從三十就忙碌，初三就休息了。

過開，作工商開市解。

初六，苗麥施肥。

地公，是搭配上的。

大燭，是寺廟招徠香客，一對二、三十斤重至五、六十斤重，愈大愈排場。〔註88〕

吳瀛濤，1975、1979 年，《臺灣諺語》，「新年歌」收錄四首〔註89〕，各有特色，也可以從中看出年俗逐漸在轉變之中：

─────────────

〔註88〕朱介凡《俗文學論集》，頁 290。

〔註89〕吳瀛濤《臺灣諺語》，頁 394～396。

（四）〔初一早，tshe1-it4 tsha2，

　　　　初二巧〔註90〕，tshe1-ji7 kha2，

　　　　初三無通巧，tshe1-sann1 bo5 sia2 kha2，

　　　　初四頓頓飽，tshe1-si3 tng3 tng3 pa2，（押 a 韻）

　　　　初五隔開，tshe1-goo7 keh4 khui1，

　　　　初六挹〔註91〕肥，tshe1-lak8 ip4-pui5，（押 ui 韻）

　　　　初七七元，tshe1-tshit4 tshit4 guan5，

　　　　初八完全，tshe1-peh4 uan7 tsuan5，（押 uan 韻）

　　　　初九天公生日，tshe1-kau2 thinn1-kong1-senn1 jit8，

　　　　初十有食食，tshe1-tsap8 u7 tsiah8 sit8，（押 it 韻）

　　　　十一概概，tsap8-it4 kai8（文）/khai（白），

　　　　十二漏屎，tsap8-ji7 lau2 sai2，（押 ai 韻）

　　　　十三關老爺生，tsap8-sann1 kuan1-lo2-ia5 senn1/sinn1，

　　　　十四月光，tsap8-si3 gueh8 kng1/kong1，

　　　　十五元宵暝。tsap8-goo7 guan5-siau1-me5，

　　　　十六拆燈棚，tsap8-lak8 thiah4 ting1-penn5，（押 enn 韻）〕

▲註解

初一早，每戶都很早就開正祭拜。

初二巧，子婿到丈母娘家拜年，這是很稀巧的賓客。這天雙日較吉祥。

初三無通巧，赤狗日，都不外出，在家睡飽，並沒有什麼巧的事。

初四頓頓飽，每餐吃得飽飽。

初五隔開，商家都已開張，新正告一段落。

初六是挹肥，農家也照常清運糞肥。

初七七元，七元日，或稱人日，昔日吃麵線延壽。

初八完全，並沒有什麼節目。

初九天公生日，玉皇大帝誕辰，盛大祭拜。

初十有食食，因前日拜天公的酒菜尚剩很多，可以飽食。

十一概概，並沒有什麼節目。

十二漏屎，因春節天天吃多，弄壞肚子下瀉。

〔註90〕「巧」有二讀 khiau2、kha2，此處為押韻應讀後者。
〔註91〕【挹 ip4】用提網抓物。

十三關老爺生，關老爺誕辰。

十四月光，月中，月亮已很光亮。

十五元宵暝。上元夜。

十六拆燈棚，元宵已過，拆除燈棚。

（五）〔初一場，tshe1-it4 tiunn5，

初二場，tshe1-ji7 tiunn5，

初三老鼠娶新娘，tshe1-sann1 niau2-tshu2 tshua7 sin1-niu5，（押 iunn 韻）

初四神下降，tshe1-si3 sin5 ha7 kang3，

初五過開，tshe1-goo7 kue3 khui1，

初六挹肥，tshe1-lak8 ip4-pui5，（押 ui 韻）

初七七元，tshe1-tshit4 tshit4 guan5，

初八完全，tshe1-peh4 uan7 tsuan5，（押 uan 韻）

初九天公生，tshe1-kau2 thinn1-kong1-senn1，

初十有食食，tshe1-tsap8 u7 tsiah8 sit8，

十一請囝婿，tsap8-it4 tshiann2 kiann2-sai3，

十二查某囝返來拜，tsap8-ji7 tsa1-boo2-kiann2 tng2 lai5 pai3，

十三食泔糜配芥菜，tsap8-sann1 tsiah8 am1-mue5 phue3 kua3-tsai3，（押 ai 韻）

十四結燈棚，tsap8-si3 kat4 ting1-penn5，

十五上元暝，tsap8-goo7 siong2-guan5-me5，

十六相公生。tsap8-lak8 siong3-kong1-senn。（押 enn 韻）〕

（六）〔初一場，tshe1-it4 tiunn5，

初二場，tshe1-ji7 tiunn5，

初三老鼠娶新娘，tshe1-sann1 niau2-tshu2 tshua7 sin1-niu5，（押 iunn 韻）

初四神落地，tshe1-si3 sin5 loh8 te7，

初五隔開，tshe1-goo7 keh4 khui1，

初六挹肥，tshe1-lak8 ip4-pui5，（押 ui 韻）

初七七元，tshe1-tshit4 tshit4 guan5，

初八食完完，tshe1-peh4 tsiah8 uan7 uan7，（押 uan 韻）

初九天公生，tshe1-kau2 thinn1-kong1-senn1，

初十點燈起，tshe1-tsap8 tiam2 ting1 khi2，

十五上元暝，食飽拆柑棚，tsap8-goo7 siong2-guan5-me5，tsiah8 pa2 thiah4 kam1-penn5，〕

▲註解

「食完完」，都吃掉。

「柑棚」，柑疊在神桌上供拜者。

（七）〔初一早，tshe1-it4 tsha2，

初二早，tshe1-ji7 tsha2，

初三睏到飽，tshe1-sann1 khun3 kau3 pa2，（押 a 韻）

初四接神，tshe1-si3 tsiap4 sin5，

初五隔開，tshe1-goo7 keh4 khui1，

初六挹肥，tshe1-lak8 ip4-pui5，（押 ui 韻）

初七七元，tshe1-tshit4 tshit4 guan5，

初八原全，tshe1-peh4 guan5 tsuan5，（押 uan 韻）

初九天公生，tshe1-kau2 thinn1-kong1-senn1，

初十吃食（食食），tshe1-tsap8 tsiah8 sit8，

十一請团婿，tsap8-it4 tshiann2 kiann2-sai3，

十二查某团返來，食暗糜仔配芥菜，tsap8-ji7 tsa1-boo2-kiann2 tng2 lai5，tsiah8 am1-mue5 phue3 kua3-tsai3，（押 ai 韻）

十三關老爺生，tsap8-sann1 kuan1-lo2-ia5 senn1/sinn1，

十四月光，tsap8-si3 gueh8 kng1/kong1，

十五元宵暝。tsap8-goo7 guan5-siau1-me5，〕

1977 年，簡上仁先生編詞曲的「正月調」，與第七首相近，文字作了少許更動，內容如下：

（八）〔初一早，初二早，初三睏夠飽，初四接神，初五隔開，初六是挹肥，初七七元，初八完全，初九天公生日，初十食食，十一請团婿，十二查某团轉來，食泔糜配芥菜，十三關老爺生，十四月光，十五是元宵暝。〕

▲註解

初三爲「赤狗日」，俗信這天不宜外出、宴客，否則將赤貧終年，大家乾脆在家睡個飽。

十三關老爺生，即武聖關公生日。

十四月光，到了十四日的夜晚確實已明月高掛了。〔註92〕

廖漢臣，1980年，《臺灣兒歌》，「數目歌」中，收入五首新年歌〔註93〕，內容如下：

> （九）〔初一早，初二早，初三眠夠飽，初四接神，初五隔開，初六挹肥，
> 初七七元，初八完全，初九天公生，初十喰食，十一請囝婿，十
> 二請查某囝，返來食暗糜仔配芥菜，十三關老爺生，十四月光，
> 十五元宵暝。〕

與第七首相近。

> （十）〔初一早，初二早，
> 初三無可巧，（沒有什麼巧妙。）
> 初四頓頓飽，（每餐吃得飽飽。）
> 初五隔開，初六是挹肥，初七七完，初八原全，
> 初九天公日，初十有食食，
> 十一概概，（平常平常。）
> 十二漏屎，（拉肚子）

這首與第四首相近。

> （十一）〔初一場，初二場，初三老鼠娶新娘，初四神下降，
> 初五過開，初六挹肥，初七七元，初八完全，
> 初九天公生，初十有食席。（或作食食。）
> 十一請囝婿，十二查某囝往來拜，（昔定爲女兒歸寧之日，今改爲
> 初二。）
> 十三食泔糜配芥菜，十四結燈棚，十五上元暝，十六相公生。〕

這首與第五首相近。

廖漢臣認爲朱介凡謂「十六相公生指國姓爺生」似爲誤聞。艋舺紫來宮

〔註92〕簡上仁、林二《臺灣民俗歌謠》，頁190。
〔註93〕廖漢臣《臺灣兒歌》（台中：臺灣省政府新聞處，1980年），頁60～66。

奉祀的田都元帥，一般都稱「相公爺」。

（十二）〔初一場，初二場，初三老鼠仔娶新娘，初四神落地，初五隔開，
　　　　初六挹肥，初七七元，初八食完完，初九天公生，初十點燈起，
　　　　十五上元暝，食飽拆柑棚。〕

這首幾乎與第六首一樣。

（十三）〔初一遊，tshe1-it4 iu5，
　　　　初二遊，tshe1-ji7 iu5，
　　　　初三遊，tshe1-sann1 iu5，
　　　　初四蒙（披）破裘〔註94〕，tshe1-si3 bong5 phua3 hiu5，（押 iu 韻）
　　　　初五隔開，tshe1-goo7 keh4 khui1，
　　　　初六擔肥，tshe1-lak8 tann1-pui5，（押 ui 韻）
　　　　初七七元，tshe1-tshit4 tshit4 guan5，
　　　　初八也都完，tshe1-peh4 ia7 to1 uan7，（押 uan 韻）
　　　　初九天公生，tshe1-kau2 thinn1-kong1-senn1，
　　　　初十有食，tshe1-tsap8 u7 tsiah8，
　　　　十一請囝婿，tsap8-it4 tshiann2 kiann2-sai3，
　　　　十二查某囝倒來拜，tsap8-ji7 tsa1-boo2-kiann2 tng2 lai5 pai3，
　　　　十三食蕃薯簽配芥菜，tsap8-sann1 tsiah8 han1-tsi5 phue3 kua3-
　　　　tsai3，（押 ai 韻）〕

雲林一帶農村，農曆新年元旦至初三休息，此外都未安閒。

黃勁連，1996 年，《台灣囝仔歌一百首》，收入兩首新年歌〔註95〕，如下：

（十四）〔初一場，（過年時，大家在賭博。）
　　　　初二場，
　　　　初三老鼠娶新娘，（老鼠娶親。）
　　　　初四神下降，（行迎神之儀。）
　　　　初五隔開，（士農工商開始上班。）
　　　　初六舀肥〔註96〕，（農戶施肥。）

〔註94〕「蒙」，蒙蔽；蒙蓋。「破裘」，破舊的棉襖。
〔註95〕黃勁連《台灣囝仔歌一百首》（台北市：台語文摘，1996 年），頁 1～5。
〔註96〕【舀肥 ionn2-iunn2-pui5】，用杓子清糞坑裡面的糞便。

初七七元，（初五開始工作，未能將粟仔收入粟倉，到初七才做完。）

初八完全，（一切工作完全做完。）

初九天公生，（天公生日。）

初十有食食，（好食物，菜尾可以吃。）

十一請团婿，（岳父宴請子婿的日子，俗稱「子婿日」。）

十二查某团返來拜，（轉來拜祖先的神位。）

十三食糜配芥菜，（一切食食正常。）

十四結燈棚，（搭蓋燈棚。）

十五上元暝，（元宵暝。）

十六相公生。（相公爺，田都元帥生日。）

十七卜討錢，討無錢，兩个翁仔某鬧規暝，一个睏床後，一个睏床墘。tsap8-tshit4 be7 tho2 tsinn5，tho2 bo5 tsinn5，nng7 e5 ang1 a2 boo2 lau7 kui1 mi5，tsit8 e5 khun3 tshng5 au7，tsit8 e5 khun3 tshng5 kinn1。（十七日，年過了，債主可以討錢了。）〕

除了初十七之外與第五首相近，

（十五）〔初一遊，初二遊，初三遊，（到處遊玩。）

初四幔（披）破裘，初五隔開，

初六擔肥，初七七元，（七元日，人日，聽說吃麵線，會長壽。）

初八也都完，（工作都做完。）

初九天公生，初十有食，

十一請团婿，十二查某团倒來拜，十三食蕃薯簽配芥菜，〕

這首與第十三首相近，文字少許不同。

　　邱冠福，1997 年，《台灣童謠》，收入七首〈初一早〉，有五首與前面所提大同小異，另二首初十以後較不一樣（黑粗字體顯示），全部都未加注解，如下：

（十六）〔初一早，初二早，初三無奇巧，初四睏甲飽，

初五隔開，初六擔肥，

初七人生日，初八五穀生日，初九天公生，

初十地王，tshe1-tsap8 te7 ong5，

十一兵，tsap8-it4 ping1，

　　　　　十二賊，tsap8-ji7 tshat8，

　　　　　十三糊紙燈，tsap8-sann1 ko5 tsua2 ting1，

　　　　　十四搖鈴鈴，tsap8-si3 io5 ling5 ling5，

　　　　　十五查某走落宮。tsap8-goo7 tsa1-boo2 tsau2 loh8 king1。〕

（十七）〔初一早，初二早，初三睏甲飽，初四無奇巧，

　　　　　初五隔開，初六是舀肥，初七請囝婿，初八轉來拜，初九天公生，

　　　　　初十食肉羹，tshe1-tsap8 tsiah8 bah4 kinn1，

　　　　　十一糊篝〔註97〕燈，tsap8-it ko5 ko1 ting1，

　　　　　十二去看人肖春，tsap8-ji7 khi3 khuann3 lang5 siau2 tshun1，

　　　　　十三請查某囝轉來食粿配鴨卝，tsap8-sann1 tshiann2 tsa1-boo2-kiann2 tng3 lai5 tsiah8 kue2 phue3 ah4 ping5，

　　　　　十四去看人弄龍，tsap8-si3 khi3 khuann3 lang5 lang7 ling5，

　　　　　十五上元暝，tsap8-goo7 siong2-guan5-me5，

　　　　　十六做牙，夥計卜食頭家。tsap8-lak8 tso3 ge5，hue2-ki3 beh4 tsiah8 thau5 ke1。〕

張嘉星，2006 年，《漳州方言童謠選釋》有一首「新正歌」一直唱到正月二十。從歌詞中，也可以比較漳州、台灣之間的習俗變化。

（十八）〔初一早，tshe1-it4 tsha2，

　　　　　初二早，tshe1-ji7 tsha2，

　　　　　初三睏邁飽，tshe1-sann1 khun3 kau3 pa2，（押 a 韻）

　　　　　初四厄落地，tshe1-si3 ang1 loh8 te7，

　　　　　初五戒歸，tshe1-goo7 keh4 kui1，

　　　　　初六沃肥，tshe1-lak8 ak4-pui5，（押 ui 韻）

　　　　　初七七元，tshe1-tshit4 tshit4 guan5，

　　　　　初八完全，tshe1-peh4 uan7 tsuan5，（押 uan 韻）

　　　　　初九天公生，tshe1-kau2 thinn1-kong1-senn1，

　　　　　初十地公暝，tshe1-tsap8 te7-kong1-me5，（押 enn 韻）

　　　　　十一食福，tsap8-it4 tsiah8 hok4，

〔註97〕「篝燈」，以籠蔽燈。商務印書館編審部《辭源》，頁 1138。糊篝燈，即用紙、竹製造燈籠。董忠司總編纂《臺灣閩南語辭典》，【笱 ko5】，竹製器具。頁 653。

十二弄叮咚，tsap8-ji7 lang7 ting3 tang1，

十三關帝人迎尫，tsap8-sann1 kuan1-te3 lang5 gia5 ang1，（押 ang 韻）

十四人堆山，tsap8-si3 lang5 tu1 suann1，

十五元宵做月半，tsap8-goo7 guan5-siau1 tso3 gueh8 puann3，

十六花燈從人看，tsap8-lak8 hua1-ting1 tsing7 lang5 khuann3，（押 uann 韻）

十七散燈棚，tsap8-tshit4 suann3 ting1-penn5，

十八人討債，tsap8- peh4 lang5 tho2 tse3，

十九炊粿，tsap8- kau2 tshue1 kue2，

二十塍底續戲尾。ji7- tsap8 tshan5 te2 sua3 hi3 bue2。（押 ue 韻）〕〔註 98〕

▲**註解**

尫：指灶王爺。

戒歸：解除年俗戒律。

七元：舊時的人日，閩俗這天吃麵食，意寓長壽。

完全：指過年積聚的農活完全做完。

地公冥：指土地爺生日。

食福：漳俗，這天備辦較好的飯菜享用。

弄叮咚：賣唱者沿街討生活。

人堆山：比喻人多。。

整個來看，在內容上，閩台只有〔初九天公生〕這一句沒有大變化，〔十五上元（元宵）暝〕變化小，其餘都作了或大或小的更動。〔初七七元〕雖然還存在但多數台灣人已不知原來的用意。《荊楚歲時記》：「正月七日為人日，以七種菜為羹，翦彩為人，或鏤金箔為人，以貼屏風，亦戴之頭鬢。又造華胜（婦女首飾）以相遺。登高賦詩。」〔註 99〕看來傳統初七日，活動不少。

傳統新年是農閒時期，大家却又忙著祭祖祭神，也忙著跟親朋好友、女兒女婿敘舊，年俗歌謠反映出中國人最重視的生活文化和價值。不過，傳統

〔註 98〕張嘉星《漳州方言童謠選釋》（北京：語文出版社，2006 年），頁 80。

〔註 99〕宗懍（梁）撰，宋金龍校注《荊楚歲時記》（山西：山西人民出版社，1987 年），頁 15。

過年習俗，隨著時、空轉換，已漸漸地在改變之中，由民謠的演變可以看出這一趨勢。在閩南早期的年俗中，充滿濃厚的宗教色彩，在台灣的年俗中，已逐漸退去，娛樂休閒色彩增加，甚至於相公生，俗稱國姓爺生也逐漸被人們淡忘。

現代社會，時間寶貴，人們更是把握利用這一難得的長時間假期，出國旅遊渡假，犒賞自己、慰勞家人，或是藉此機會與親友團聚、敘舊。而年味一年比一年淡了，有人不免感嘆，現在過新年愈來愈沒有意思了。

三、歲時節日重視吉祥話

歲時節日是昔日台灣民間非常重視的期間，可說是帶有神聖氣氛。在漢人傳統觀念裡，吉祥如意是人生最大的願望，而吉祥話具有逢凶化吉的神秘莫測的力量。所以在有拜拜的祭典日子裡，尤其是過年期間，說說吉祥話，或與吉祥事物產生關聯，仿如生活就有了新希望，精神就有了寄託，吉祥就會降臨，充分反映民間心理的一種表現。

在歲時節日等特別日子裡，人們常使用語言符號作為幸福、長壽、發財和多子多孫的象徵。人們也通過同音或諧音手段創造了很多吉祥話，其中大多數是通過實物名稱跟語言裡表示吉祥喜慶的字眼諧音而構成。

譬如，中秋節要吃月餅，月餅就是象徵團圓。中秋節還要吃柚子，因為台語【柚 iu7】與【佑 iu7】諧音，華語「柚子」的諧音與「佑子」一樣，有保佑小孩的意思，也是希望月亮護佑的意思。

另一方面，在社會生活中因忌諱而使用委婉語詞的現象十分普遍。在歲時節日中的禁忌行為和禁忌語受到特別的重視，這跟漢民族的心理素質關係十分密切。語言和實物本來是兩回事，它們之間沒有必然的聯繫。語言是人們用來區別事物和關係的一種符號，這種符號具有任意性的。但人們常把語言與事物等同起來，相信語言具有某種魔力，而人們也通過同音或諧音手段擴大禁忌說某些話的範圍，以為這樣做話語後面所隱藏的事物就不會出現或發生。

在歲時節日中，常有反常行為，很容易被看作庸俗、或陋習。阮昌銳指出，世界各地都有反常行為，可分兩類：第一類是平常能做的事（或行為），但在儀式的過程中都受到禁止，就是所謂的「禁忌」（taboo）；第二類是平常不能做或不可有的行為，卻在儀式的過程中允許做甚至受到鼓勵，也就是「反

常儀禮」(rites of reversal)。它有功能性意義,如心理需求、娛樂功能、藝術表現、導洩作用、維繫親友關係,促進社群的整合與團結,鞏固社會規範及促進和諧。例如,春節賭博,可娛樂調節身心,賭博時一律平等,小孩可以贏大人,女人可以贏男人,媳婦可以贏婆婆,平民可以贏官員,提供導洩作用。

反常儀禮行為一方面具有正向功能,(如守歲、拜年、食甜、……等正向功能較多);另一方面也具有負向功能,(如賭博、元宵偷俗、……等會造成損失或傷害,負向功能較大)。這些習俗能延續到今天,大體上是正向的超過負向功能的緣故。〔註100〕

李豐楙教授指出,農業生產為主的「常與非常」生活節奏,特別清楚地表現在年循環中的節慶、廟會活動。他引用孔子的智慧語言說明:「張而不弛,文武不能也;弛而不張,文武不為也,一張一弛,文武之道也」。從射箭體驗所獲得的舒張弓弦的「緊張與鬆弛」原理,用以隱喻「工作與休閒」的不斷循環。〔註101〕

四、小　結

自古以來,【節慶 tseh4-khing3】的形成都與常民生活有著密不可分的關係,都具有【消災 siau1-tsai1】、【祈福 ki5-hok4】、【紀念 ki3-liam7】、【團圓 tuan5-inn5/uan5】等特性。雖然【酬神 siu5-sin5】的方式有千百種,但是人們敬天法祖的虔誠心意,跟人們對祖先的虔心感恩,則是亙古不變。台灣的節慶活動,就如同台灣文化的脈動。歷經四百年來的發展、演進,自然地融入現代生活中,也間接構成凝結社會極重要的力量。同時保存了許多漢人傳統的時間觀念及祭祀文化。〔註102〕

時至今日,循著傳統生活節奏的歲時節儀,仍舊盛行於台灣民間,人們冀望能透過對【神明 sin5-bin5】和【祖先 tsoo2-sian1】虔誠祭祀,求得一生保佑與平安;也由於社會仍一直傳續著「每逢佳節必有社慶」的習俗,讓在現代社會日漸疏離的家族成員也得以藉著共同的記憶,團圓過節、凝聚親情。

〔註100〕阮昌銳《中國民間宗教之研究》(台北:臺灣省立博物館,1990年),頁35。
〔註101〕李豐楙,〈由常入非常——中國節日慶典中的狂文化〉,《中外文學》22-3,1993年8月,頁116～154。
〔註102〕僑委會網站〈全球網路教育中心·台灣節慶〉。

第六章 台灣信仰習俗中的語言文化

　　語言是文化的載體，不同民族的語言稜鏡所折射的世界是很不相同的，那些差異之點往往反映出不同民族看待世界的不同樣式。所以一個民族的心理特徵常常反映在語言當中。語言學者薩丕爾（Edward. Sapir.）指出：

> 每一種語言本身都是一種集體的表達藝術，其中隱藏著一些審美的因素——語音的、節奏的、象徵的、形態的——是不能和任何別的語言全部共有的。〔註1〕

美國語言學家和人類學家霍凱特（Hocktt.C.F.）指出：

> 在每種活的語言裡，新語詞經常地被創造出來，有的只出現一兩次，然後就被人遺忘了，有的則長時間地存活下來。……觀察表明，每種語言在創造新語詞中都有喜愛的模式。這種偏愛是語言構造的一部份，因此在語言的描寫研究中要恰當地報導出來。〔註2〕

中國學者趙金銘先生認為：

> 漢民族傳統文化講求和諧、中庸、執兩用中，語言運用上就出現對仗、押韻、諧音現象正是這一特點的反映。〔註3〕

前二位學者指出語言文化的共性，後一位學者更針對漢語提出特色。

　　台語源自古閩南語，亦即古漢語，而有漫長的歷史文化遺傳。另一方面，

〔註1〕 Edward Sapir,《Language: An Introduction to the Study of Speech》（語言論：語言研究導論）（北京：外語教學與研究出版社，2002年），頁185。

〔註2〕 霍凱特（Hocktt.C.F.）著，索振羽、葉蜚聲譯《現代語言學教程》（A Course In Modern Linguistics），（北京：北京大學出版社，2002年），頁331。

〔註3〕 趙金銘，〈諧音與文化〉收入《文化語言學中國潮》（北京：語文出版社，1995年），頁166。

台語也是先民在台灣四百年來血汗耕耘的智慧結晶，所以台語也是台灣文化的重要構成部份。台語有哪些可愛的表現模式反映在語言文化當中？即是本論文所探討的主題。

本章針對台語的語音特色，分別從押韻、諧音兩方面在信仰習俗中的運用進行分析。第一節以台語語音為主；第二節以押韻為主；第三節以諧音為主；第四節以台語文的多元現象為主。

第一節　台語的語音

台語源自古漢語，有濃厚的古代漢族口語成份，要瞭解台語語音特色，宜先從語言內在因素做一觀察。

一、漢語的聲韻、節奏

詞這樣的符號是聲音和意義結合的統一體。聲音是語言符號的物質形式。人類選擇聲音作為語言符號的表達材料並成為主要溝通工具，這是因為聲音作為語言符號使用起來最簡便，容量最大，效果也最好。聲音是每個人都能發出來的，本身沒有任何重量，便於攜帶，人走到那裡，它就跟到那裡，張嘴就能說話。語言符號跟音、義、現實現象的關係如下：〔註4〕

圖 6-1

文字出現之前，對事物除以圖畫表示外，語音在傳遞信息、名物說事上起著十分重要的作用。在沒有文字的民族，或被剝奪享用文字的下層人民中，只憑藉語音辨別來表示事物。在這種時刻，語音成為表示語意的唯一手段。語音也是人們瞭解事物的重要憑藉。

〔註4〕 葉蜚聲、徐通鏘《語言學綱要》（台北：書林出版公司，1998年），頁28、30。

　　說話是一個字一個字按照時間的先後順序排列起來的，聽起來就是一個音節連著一個音節的一條連續不斷的線性音流。其實，每一個音節說話人的用勁是不一樣的，有高低、輕重、快慢、長短的變化，表現出抑揚頓挫的節奏。在詩歌裡，這方面的特點表現得最爲突出。

　　漢語以單音節作爲語言單位，不因時式、數量、主被動等文法形式而改變或增減其語音。缺點是有限的音素承擔無限的語意，勢必多義共音而造成同音異義的聽覺混淆。〔註5〕可是相對的它卻提供韻律、節奏、押韻、諧音運用的寬廣空間。

　　漢語詩歌的主要形式有四言、五言和七言，但構成抑揚頓挫的節奏大體是相似的。唸起來都是兩個字兩個字一組，最後一個字落單，但吟誦時需要延長，使其有相當於兩個音節的音長。這種由兩個音節一組所形成的高低、長短相互交替的節奏，就是「音步」，或稱一頓。它是語音的最小節奏單位。

　　這種節奏單位的重要特點是漢語語言的基本結構單位、音節、音步相互協調，聽起來給人以一種節奏分明的美感。〔註6〕由於音節與音節之間的繼起性，音節長度的穩定性，使漢語自古以來十分注意節奏，漢語成爲一種節奏性很強的語言。漢語這一特點使它跟方塊漢字特別協調一致，「字」這一概念除了指書面漢語中的方塊漢字外，也可以指口語中的一個音節單位。

　　漢語的音節結構是簡單的，現代漢語語音系統所有的音節數也有限。不包括聲調的話，只有419個，加上聲調也只有1332個。但是，這些有限的音節可以相互搭配成大量的單音節、雙音節、多音節的詞語，從而組織成具有極其豐富的表現力的語言——漢語。〔註7〕台語源自古漢語，在聲韻、節奏表現上，和漢語相似。

二、台語的音樂性

　　漢語語音另一個特色就是「韻律」，反映在台語的音樂性上。

　　徐通鏘先生在《基礎語言學教程》一書中指出，

　　　　「韻律」是一種成節奏的語音特徵，是由語言運用中有規則地交替

〔註5〕 臧汀生、魏吉助、林茂賢《臺灣俚諺研習專輯》，（台中：國立臺中圖書館，2002年），頁3。
〔註6〕 徐通鏘《基礎語言學教程》（北京：北京大學出版社，2004年），頁64、66。
〔註7〕 錢乃榮《漢語語言學》（北京：北京語言學院出版社，1995年），頁13～15。

使用音節的某一組成要素而形成的。

他指出，「韻律」可由節奏、押韻、聲調三部份表現，即抑揚頓挫的音節節奏；句尾的押韻；平仄交互規律的聲調。〔註8〕

台語語音最大的特色是富於音樂性，因為台語的音節多，且富於變化。每個音節除了有本調，更有變調。如：「好」ho2 本調是第二聲，但是「好人」ho2- lang5 的「好」就變成第一聲。母音的種類特別多，除了六種常音的韻母，更有鼻音化韻母。最大的特色是具備文言音和白話音兩種語音系統，再加上七種聲調各具變調。這樣構成多采多姿的韻母與音節，不僅詞彙多，便於修辭，而且語感順耳有節奏，韻律感適於作詩歌。

節奏、押韻和聲調配合，構成台語的音樂性。台灣很流行的一句諺語：【講話若唱歌 kong2-ue7 na2 tshiunn3 kua1】。陳冠學指出：語言雖因有語調而形成一種天然的曲調，但音階是自然的音階，曲調的變化很有限。故一闋創作的歌曲，無法就著歌詞唸成歌唱。可是若限定在自然的音階間作曲，那是可能的。例如一位剛從軍中退伍的年輕小伙子，唱出一段語曲，叫在軍中待過的人大吃一驚。這段語曲是：

〔　　未震、未動　，　　初三、初四，

　be7 tin2 be7 tang7，tshe1 sann1 tshe1 si3，

　初四、初三　，　　八月、十五。

　tshe1 si3 tshe1 sann1，peh4-gueh8 tsap8-goo7。〕

這是軍中起床號角聲，真是譜得萬分正確，不差毫釐。〔註9〕

台語有七個基本調，加上變調，語言本身音樂性的豐富是顯而易見。歌曲不過是情感洋溢的語言。張炫文曾就台灣童謠語言本身聲調的高低，與實際歌唱的曲調比較，發現頗多吻合之處。如果以台語慢慢吟誦，則很容易得出無半音的五聲音調來，試以台灣北部童謠「黑面祖師公」為例，

〔烏面祖師公，白目眉，oo1-bin7 tsoo2-su1-kong1,peh8 bak8-bai5

　無儂請，家已來。bo5 lang5 tsiann2,ka1-ki7 lai5。〕

這一曲調吟久了之後，自然加上裝飾性的音，變化節奏而成一首動聽的歌曲。台灣像這樣近於語言的歌曲很多，如「天烏烏」、「點仔膠」……等童謠及歌仔戲的雜唸等都如此，可見音樂受語言影響之大。〔註10〕音樂系教授

〔註8〕徐通鏘《基礎語言學教程》，頁 63～66。

〔註9〕陳冠學《臺語之古老與古典》（台北：前衛出版社，2006 年），頁 54。

〔註10〕張炫文《台灣歌仔戲音樂》（台北：百科文化事業公司，1982 年），頁 78～79。

張清郎指出：

> 台語的聲調富於變化，美不勝收，初學者往往因其變化過多而半途
> 逃廢，但其實只要基本原則弄熟，則無往不利，拿到「台灣歌曲」
> 之曲譜時，即可不必去思考或研究那些「聲調」的問題，就能朗朗
> 上口，唱出美妙的「台灣歌曲」來了。〔註11〕

總之，台語是美麗的語言，它本身的語調就是一首美麗的歌曲、它擁有自然的俗境；更有它超然的化境，它能作邏輯性的科學分析；更能作哲理性的藝術組合。又如日本著名國際東方學者中村元所言：

> 中國人喜好華麗的措辭，中國的語言具備韻律、格調、節奏等整齊
> 的格律形式。遣詞造句常以四言或七言的形式來安排。為形式起見，
> 中國人常犧牲含意，並且不排斥曖昧之辭。可以說中國語言是一種
> 藝術化的語言，因為它的標榜是悅耳和諧。〔註12〕

台語如同漢語，也有傾向聲音悅耳和諧的現象，是一種藝術化語言。

在昔日農業社會，主要依賴語音溝通表達意思，就由於語音、語意結合，單音節特徵，以及重視語音表現（或語音崇拜），形成特殊的語音文化。在台灣的閩南社會中，俗諺語、歌謠有非常普遍的節奏、押韻運用；民俗生活中，諧音現象非常普遍。以下分別針對這些情況作深入探討。

第二節　押韻在信仰習俗中的運用

一、押韻定義與功能

（一）押韻定義

首先，甚麼叫「韻」呢？【韻 un7】是字音中收尾的部份〔註13〕。一個漢字通常是一個音節。漢字的音節結構一般由聲母、韻母和聲調三個部分組成。韻母可以分為三部分：**韻頭**，也叫介音；**韻腹**，韻母中的主要元音，也是**響**度最大的那個元音；**韻尾**，韻母中主要元音後的那個部分，它可由元音組成，

〔註11〕 張清郎，〈如歌似的台灣語言/論台語語調與曲調之關係〉《第一屆臺灣本土文化學術研討會論文集》，1994 年，頁 479～492、頁 490。

〔註12〕 中村元著，林太、馬小鶴譯《東方民族的思維方法》（台北：淑馨出版社，1992年），頁 284。

〔註13〕 董忠司《臺灣閩南語辭典》，頁 1496。

也可由鼻輔音組成。如表 6-1 所示。

　　臧汀生教授指出，所謂「韻」指的是尾音收束狀態，不同語詞而有共同的尾音收束狀態就叫做「押韻」。〔註14〕曾永義教授則進一步指出，韻協是運用韻母相同，前後複沓的原理，把易於散漫的音聲，藉著韻的迴響來收束、呼應和貫串，它連續的一呼一應，自然產生規律的節奏；它好比貫珠的串子，有了它，才能將顆顆晶瑩溫潤的珍珠，貫穿成一串價值連城的寶物。〔註15〕

表 6-1　台語音節的結構

聲　調			
聲　　母	韻　　母		
	韻　頭	韻　腹	韻　尾

　　由於台語韻母的構成要素較複雜，加上次方言因素，學者專家的描寫方式並不一致。董忠司教授指出：台灣各地次方言雖然大同小異，但各有不同之處。如果不計聲調，大約都具有八十個韻母上下，綜合各地可能出現的韻母，可得 109 個韻母。〔註16〕如表 6-2。

表 6-2　台語可能出現的韻母數

韻　母　名　稱		數　量	備　註
舒聲韻（57）	開尾韻	22	含元音尾韻
	鼻化韻	17	
	鼻尾韻	18	
入聲韻（52）	束喉入聲韻	19	
	鼻化入聲韻	14	
	普通入聲韻	19	

　　鍾榮富教授在《台語的語音基礎》一書中，說明台語的韻母結構：有六個口元音（i、e、a、u、o、ɔ（oo））及四個鼻化元音（inn、enn、ann、onn），還有三對可做韻尾的輔音（m/p、n/t、ng/k），這些如果每組都可以構成韻母，

〔註14〕臧汀生、魏吉助、林茂賢《臺灣俚諺研習專輯》，頁3。
〔註15〕曾永義《詩歌與戲曲》（台北：聯經出版公司，1988年），頁10。
〔註16〕董忠司《福爾摩沙的烙印──臺灣閩南語概要》（上冊）（台北：文建會，2001年），頁75。

則可能會有 128 個韻母，然而事實上只有 56 個。主要原因是這些韻母的結構是有限制的，即有複合元音、三合元音及元音加韻尾等結構限制。〔註17〕

　　台語常見的韻母，約有 71 個，如表 6-3：

表 6-3　台語主要韻母表〔註18〕

陰聲韻（16）	純母音	單母音	雙母音	三母音
陰聲韻（16）	純母音	i、e、a、u、o、ɔ（oo）	iu、io、ia、ai、au、ui、ue、ua	uai、iau
陽聲韻（30）	鼻母音	inn、enn、ann、onn	uinn、uann、ionn、ainn、aunn、iann、iunn	uainn、iaunn
陽聲韻（30）	鼻音韻尾	im、in、ing、ian、am、an、ang、m、ng、ong、om、un	iong、iam、iang、uan、uang	
入聲韻（25）	塞音韻尾	p、t、k	ap、at、ak、ip、it、ik、ok	iap、iat、iak、iok、
入聲韻（25）	塞音韻尾	h	ih、uh、ah、mh	innh、unnh、iah、ueh、aunnh、iaunnh

　　【押韻 ah4-un7】，台語也叫【鬪句 tau3-ku3】〔註19〕是把同韻的字放在相等間隔的位置上，讓同一聲音重複或反複出現，以造成音響上回環反複的音樂美。即相同或相似的音質在一定位置的重複出現。通過這種重複出現，使情感在一定的區域間往複回旋，得到充分的渲染；**換韻**則意味著情感的變化起伏。同韻有規律的重複出現，既能形成鮮明的節奏，又可以把分散的聲音組成一個整體，猶如音樂中反覆出現的主音，能把整體樂曲貫穿統一起來〔註20〕。押韻也是形成中國古典詩歌聲律美的一個重要因素。

（二）押韻功能

　　梁啓超先生在《中國韻文裡頭所表現的情感》一書中，提到「韻文裡所表現情感」的重要：

〔註17〕鍾榮富《台語的語音基礎》（台北：文鶴出版公司，2002 年），頁 228。

〔註18〕參閱董育儒〈歡喜講閩南語〉《閩南語文學教材》（高雄：麗文化公司，2001 年），頁 65。

〔註19〕【鬪句 tau3-ku3】，董忠司《臺灣閩南語辭典》用「湊」為代用字，指詩句、唸謠、歌謠、戲曲的押韻。頁 1286。有人也用「罩句」、「鬥句」。

〔註20〕吳戰壘《中國詩學》（北京：東方出版社，1997 年），頁 152。

> 用情感來激發人，好像磁力吸鐵一般，有多大分量的磁，便引多大
> 分量的鐵，絲毫容不得躲閃。所以情感這樣東西，可以說是一種催
> 眠術，是人類一切動作的原動力。〔註21〕

他也談到「韻文」範圍，從三百篇、楚辭起，連樂府、歌謠、古近體詩、填詞、曲本，乃至駢體文，都包括在內。

國內著名學者曾志朗先生 1977 年發表〈閱讀漢字時言語的再編碼〉，其中一部份利用（1）押韻成句，（2）不押韻成句，（3）押韻不成句，（4）不押韻不成句，四種情況以幻燈片做閱讀漢字的反應實驗。結果顯示，押韻（有語音干擾），無論成句或不成句，都比不押韻（沒有語音干擾）的情況反應時間較長（約增加五分之一左右）。即沒有語音干擾，反應時間就短。實驗結果證明：看漢字的時候並不能由字直接達到意義，而也是要通過語音的。〔註22〕

由這個實驗我們似乎可以進一步推斷，在口語溝通時，押韻在人腦裡發生語音干擾，讓人產生某種反應（因而遲緩），容易使人加深或加強印象，並達到悅耳、和諧的效果。

（三）押韻習慣

台灣民間文學的押韻不以**傳統韻書為範本**，而以台語音感為基礎，因此使得台語押韻顯得比較複雜。

根據一般押韻規則：韻母的主要元音相同（也可以十分接近）和韻尾相同即可押韻。閩南話主要元音和韻尾都一樣，即可以押韻。這個規則，不僅唐詩這麼做，就是今天華語（國語或普通話）寫的現代詩，和其他韻文作品（包括用閩南話寫的詩歌和戲曲、曲藝的唱詞等）也繼續沿用這個押韻規則〔註23〕。

但是周長楫教授與鍾榮富教授都認為韻頭（介音）最好也相同。〔註24〕

鄭良偉教授也指出：台灣歌謠的押韻一般以**整個韻母**參加押韻，例如 ian 和 an 之間從不押韻。可是 ue 和 e 之間、iu 和 u、ui 和 i 却偶爾可以看到押韻。按照韻書上的傳統，參加押韻的是韻而不是韻母。例如ㄧㄢ、ㄢ、ㄨㄢ、ㄩㄢ可以互押，因它們的韻都是ㄢ。構成韻母一部分的介音，ㄧ、ㄨ、ㄩ不參

〔註21〕梁啓超《中國韻文裡頭所表現的情感》（台北：臺灣中華書局，1992 年），頁
　　　　1～2。
〔註22〕引自王士元《語言與語音》（台北：文鶴出版公司，1988 年），頁 143。
〔註23〕周長楫《詩詞閩南話讀音與押韻》（台北：敦理出版社，1996 年），頁 45。
〔註24〕周長楫《詩詞閩南話讀音與押韻》，頁 45。

加押韻。〔註25〕

　　李壬癸教授則指出，由於次方言因素，在台北、澎湖地區，台語主要元音〔o〕與〔ɔ（oo）〕不分，而互押，形成「寬韻（loose rhyming）」。〔註26〕

　　在聲調上，台語詩歌押韻的字不一定要同聲調。平上去不同的字可以互押。這也和傳統的押韻法不同，因爲歌詞在歌唱時都失去其原調，其音高完全決定於歌曲的音階，而不再保留說話時的語調。〔註27〕

　　一般的台語口語作品都有運用押韻的趨勢，但由於語意等限制，出現各種現象，本文依韻腳安排，分三種情形討論：

　　1、嚴韻（strict rhyming），都用同一韻到底。

　　2、寬韻，同一韻部（包括陰、陽、入韻），或有不同韻部互相押韻。

　　3、換韻，指歌謠；或不韻，主要元音明顯不同，如〔a〕和〔i〕；〔i〕
　　　　和〔u〕等。其中寬韻的情況較爲複雜，先說明如下：

　　《詩經》是中國最早的韻文作品，用韻寬鬆，跟台灣民間文學有點類似。

　　中國語言學者王力教授在《詩經韻讀、楚辭韻讀》一書中，指出不同的韻部互相押韻，有二種情況：一種是通韻；一種是合韻。

　　所謂「通韻」，按照傳統音韻學的說法，韻部可分爲陰、陽、入三聲，而且在元音相同的情況下，可以允許同類韻尾之間互相對轉。

　　1、陰入對轉：ə‖ək；u‖uk；o‖ok；a‖ak；e‖ek；ei‖et；ô‖ôk。

　　2、陰陽對轉：ə‖əng；o‖ong；əi‖ən；ai‖an。

　　3、陽入對轉：en‖et；an‖at；am‖ap。

陰入對轉最爲常見，陰陽對轉比較少見，至於陽入對轉則是相當罕見。

　　所謂「合韻」，是元音相近，而不屬於對轉，韻尾相同或相近，原則上不應該是主要元音和韻尾都不同。

　　1、元音相近：ə‖u、u‖o、ə‖a、u‖ô。

　　2、元音相同而不屬於對轉：əng‖əm、ang‖am、ang‖an、eng‖en、ək‖əp、
　　　　ak‖ap、ət‖əp。

　　3、韻尾相同：ei‖əi、ei‖ai、en‖ən、en‖an、ək‖uk、ok‖uk、et‖at、əp‖ap。

合韻是很自然的詩歌形式，《詩經》的作者只是隨口吟咏，音近即能成韻，

〔註25〕鄭良偉《走向標準化的臺灣話文》，台北：自立晚報社，1989年，頁163。
〔註26〕李壬癸〈Rhyming and Phonemic Contrast in Southern Min〉《中央研究院歷史語言所集刊》（1968年3月），頁459。
〔註27〕鄭良偉《走向標準化的臺灣話文》，頁163～165。

講古韻的學者從來不排除合韻。〔註28〕

在台灣民間文學用韻方面，押韻的韻部既包括主要元音和韻尾相同的口元音，也包括鼻化元音，還包括帶喉塞韻尾的入聲韻，同時不論聲調。

周長楫教授指出：閩南話的鼻化韻，使得主要元音增加了鼻音的成份，對主要元音的音值影響不大，故可將其跟同類的口元音視為同「韻」。閩南話的喉塞韻尾是輔音韻尾「h」，是「p、t、k」弱化的形式，它使主要元音的音響不能任意延長，但是同樣不使主要元音的基本音值受到甚麼影響，所以也同樣將其跟同類的口元音視為同「韻」。如：「a、ia、ua、ah、iah、uah、ann、iann、uann、ahnn、iahnn、uahnn」可以做為同一個韻部看待。「i、ui、inn、uinn、ih、uih、ihnn」也是同一個韻部。韻母結構中，韻頭（介音）和韻尾都會影響主要元音的音值，韻尾的影響比韻頭大。

押韻時，對韻母的韻頭（介音）也頗注意。最好在韻頭（介音）方面也相同。也就是說，「a」寧可跟「ann、ah、ahnn」的字相押，也盡量不十分情願（除了不得已）或少跟「ia、ua」的字相押，儘管它們是同韻部。〔註29〕

鄭良偉教授則指出：傳統韻書和台灣民間文學傳統的差別便是後者利 li7 和錢 tsinn5 可以互押，前者絕對不可。台灣一般詩社的押韻還照著文言音唸，押韻也按照廣韻、集韻等韻書。就是按照十五音的傳統，錢 tsinn5、山 soann 也不能和利 li7、歌 koa 等字押韻。但在台灣俗語、歌謠裡，錢和利；歌和山；押韻的例子很多。由於語言變遷，原來的鼻音韻尾（am、ing、san 裡的 m、ng、n）前移與元音同時出現（ann、inn、uann）但仍為韻的一部分，按照十五音仍有別於 a、i、ua 等純元音韻。但現在鼻音成份已再前移，不再為韻的一部份，因此，語感上 a 和 ann，i 和 inn，ua 和 uann 可以互押。

至於入聲字有 p、t、k 韻尾的，不和有 m、n、ng 韻尾的非入聲字押韻，只和同韻尾的入聲字押韻（益 ek4 和力 lek8 互押）。至於有喉塞音的字，一般來自古時的 p、t、k 韻尾，可以和零韻尾互押（如活 oah8 和寒 koann5、掛 koa3 等可以押韻），這也是因為歌唱時入聲字可以拖長，不一定像說話時發音得很短促，而拖長時-h 常常脫落，就是發了音也很難和一般沒有 h 韻尾的元音有別（如 ua 和 uah 之間的分別）。

〔註28〕王力，王力別集《詩經韻讀、楚辭韻讀》（北京：中國人民大學出版社，2004年），頁 25～30。

〔註29〕周長楫《詩詞閩南話讀音與押韻》，頁 52～54。

　　鍾榮富教授在分析台語的音節結構時指出**介音屬韻**的看法。他指出：一般而言，詩詞與民間歌謠的押韻並沒有太大差異。也就是說，介音不入韻。換言之，介音不會干預押韻，例如：〔ian〕可與〔an〕互押；同理，〔uan〕也可與〔an〕互押。但並不能說〔ian〕也必可與〔uan〕互押。依前人研究，台語歌謠的押韻正好如此：〔an〕可分別押〔ian〕或押〔uan〕，但是〔ian〕韻卻決不押〔uan〕韻。這種現象足以說明台語的介音屬韻的，唯其如此，介音的異同才會直接影響詩詞歌謠的押韻。〔註30〕

　　周長楫教授指出：台灣地區的押韻習慣可能出於聽感上更嚴格要求主要元音音響度的相同，因而對韻頭（介音）也做了一定的限制和要求。這當然有一定的作用。不過這樣一來就會縮小同「韻」字的範圍，在用韻時會在一定程度上束縛住自己的手腳。為解決這一矛盾，就要採取用換韻的辦法尋求出路。換韻固然可以增加「韻」的豐富多彩，克服單調，但頻仍的換韻尤其是兩句換一韻的做法反而有損於押韻本身表現的回環音律美，這倒是應該值得注意的。〔註31〕

　　綜合幾位學者專家看法，寬韻的範圍似乎很大：有**比較緊的寬韻**，如同一韻部（包括陰、陽、入三韻），這種現象比較多。有**比較鬆的寬韻**，不同韻部互押，如只有尾韻相同，主要元音相近，或介音不同，這種現象相對比較少。總之，「民間文學作者是從聽覺上判斷，只要主元音相同，其他的介音或韻尾有些許出入，都可通融。不論合口韻與非合口韻、舒聲與入聲、口部元音及鼻化元音、陰聲韻與陽聲韻都可以互押」〔註32〕。如表6-4所示。

表6-4　台語押韻習慣

韻母構成要素		
韻頭（介音）	韻腹（主要元音）	韻尾
可有可無	必定有，三者之一	可有可無
（介音 i） （介音 u） 零介音	基本母音 鼻母音 韻化子音	（母音韻尾）、（子音韻尾） （母音韻尾+喉塞音韻尾） （喉塞音韻尾）、無韻尾

〔註30〕鍾榮富《台語的語音基礎》，頁80。
〔註31〕周長楫《詩詞閩南話讀音與押韻》，頁54。
〔註32〕王順隆，〈「歌仔冊」的押韻形式及平仄問題〉，http://www32.ocn.ne.jp/~sunliong/ong.htm。

台語押韻習慣（聲調不論）		
最好相同	主元音相同、相近	韻尾則較自由
介音和零介音互押。但不同介音互押較少。	韻部：包括主要元音和韻尾相同的口元音，也包括鼻化元音，還包括帶喉塞韻尾的入聲韻。	
	口部元音及鼻化元音、合口韻與非合口韻、舒聲與入聲都可互押。	
主要元音響度最大。韻頭（介音）和韻尾都會影響主要元音的音值，韻尾的影響比韻頭大。		

台語由於長期「漳泉濫」的結果，所以存在著次方言的押韻差異，不易辨析。一字多音，一字歸屬幾個韻部，提供了選韻、更多的自由和更大的便利，這也是押韻一大特色。另一特色是在台語口語中常見的押韻不排除使用同一個字。

台灣民間文學作品中或在口頭上隨時出現押韻，是台語的美學特色。押韻使字音在一定的位置上因出現同韻的字，在音感上有回轉反復的效果，因而產生有節奏的韻律美。俗話說：【講的比唱的好聽 kong2-e0 pi2 tshiunn3-e0 ho2 thiann1】（說的比唱的好聽），即指台語的韻律效果。因為台語除了押韻寬廣自由外，它還具有聲調的音樂性；隨前變調的多樣性；陰、陽、入三種韻部的抑揚頓挫的節奏性。〔註33〕

台灣地區押韻的運用相當廣泛，如俗諺、童謠、民謠、民歌、歌仔冊、歌仔戲……等等，很多民間文學幾乎都跟押韻有密切關係。

二、諺語押韻運用

以下從押韻在信仰習俗中的運用實例，來觀察台灣漢人在重要習俗中，運用音韻變化的情形。我們把俗諺語和歌謠分兩類討論，來探討台語語音特點。

俗諺語若是單句（四字以上）以音節、語意為單位，如：【食豆食到老老。tsiah8 tau7 tsiah8 kau3 lau7 lau7。】（押 au 韻）一韻到底，屬於嚴韻。

若是雙句、三句、四句則以句為分析單位，如：【娘快做，嫺偃學。niu5 khuai3 tso3，kan2 oh4 oh8。】同一韻部（o 陰聲韻、oh 入聲韻），屬於押寬韻。

〔註33〕董峰政，〈「台語」在押韻使用上之探討〉，http://staff.whsh.tc.edu.tw/~huanyin/don_home.htm。

　　台語俗諺語的整體語音表現，除了押韻之外，還講求形體格律、對偶、節奏的聲音之美，分述如下：

（一）諺語押韻

　　押韻有廣、狹兩義。狹義押韻是專指句尾字押韻；廣義押韻除了句尾韻，還包括句首韻、句中韻。諺語在押韻這方面，將這三種押韻方式普遍應用，使字句的唸誦悅耳順口。

　　（1）句首韻是指一句開頭和下一句開頭的韻相同。句首韻在諺語中使用頗多，尤以押同字韻最為常見。例如：

> 【<u>未</u>富，毋通起大厝；<u>未</u>有，毋通娶新婦。<u>bue7</u>-hu7 m7-thang1 khi2 tua7-tshu3；<u>bue7</u>-u7 m7-thang1 tshoa7 sim1-pu。7】

> 【<u>翻</u>過來，生秀才；<u>翻</u>過去，生進士。<u>ping2</u> kue3 lai5，senn siu tsai；<u>ping2</u> kue3 khu3，senn tsin3 su7。】

> 【<u>年</u>頭飼雞栽，<u>年</u>尾做月內。<u>ni5</u> thau5 tsi7 ke1-tsai1，<u>ni5</u> bue2 tso3 gueh8 lai7。】

　　（2）句中韻指的是在俗諺中各句的句中字押相同韻，這和句首韻相同，也是以押同字韻為多。例如：

> 【人<u>生</u>咱，咱<u>生</u>人。lang5 <u>senn1</u> lan2，lan2 <u>senn1</u> lang5。】

> 【借<u>人</u>死，毋借<u>人</u>生。tsioh4 <u>lang5</u> si2，m7 tsioh4 <u>lang5</u> sinn1。】

> 【一<u>樣</u>生，百<u>樣</u>死。tsit8 <u>iunn7</u> sinn，　pah4 <u>iunn7</u> si2。】

> 【新婦<u>不</u>離灶，查某囝<u>不</u>離後頭。sim1-pu1 <u>bo5</u> li5 tsau3，tsa1-boo2-kiann2 <u>bo5</u> li5 au7-thau5。】

　　（3）句尾韻指的是押每句最後一字。句尾韻的押韻最為普遍，其中也有押同字韻的情形。例句：

> 【三歲<u>乖</u>，四歲<u>歹</u>，五歲著押去<u>刣</u>。sann1 hue3 ku<u>ai</u>1，si3 hue3 ph<u>ainn</u>2，goo7 hue3 tioh4 ah4 khi3 th<u>ai</u>5。】

> 【七<u>坐</u>、八<u>爬</u>、九發<u>牙</u>。tshit4 ts<u>e7</u>，peh4 p<u>e5</u>，kau2 huat4 g<u>e5</u>。】

> 【媒人<u>喙</u>，糊累<u>累</u>。mue5/hm5 lang5 tsh<u>ui3</u>，hoo5 l<u>ui3</u> l<u>ui3</u>。】

　　（4）台灣諺語的押韻除了大分為以上三種情形外，還有同一則諺語，句首、句尾或句中、句尾押韻，或句首、句中、句尾都押韻的，形成一種特殊

的聲韻旋律，讀起來有音樂之美。如：

> 【送啊送，送去二王廟食肉粽。sang3 a0 sang3，sang3 khi3 jit4-
> ong5-bio7 tsiah8 bah4 tsang3。】（句首、句尾都押 ang 韻）

> 【生贏，雞酒香；生輸，四片板。senn1 iann5 ke1-tsiu2-phang1，
> senn1-su1 si3 phinn3 pang1。】（句首、句尾各自押韻）

> 【人重妝，佛重扛。lang5 tiong7 tsng1，hut8 tiong7 kng1。】（句中、
> 句尾各自押韻）

> 【龍交龍，鳳交鳳，隱龜交棟憨。liong5 kau1 liong5.hong1 kau1
> hong1,un2-ku1 kau1 tong3-gong7。】（句首、句中、句尾各自押韻）

> 【亦著愛神，亦著愛人。ia7 tioh4 ai7 sin5，ia7 tioh4 ai7 jin5。】

或

> 【也著神，也著人。ia7 tioh4 sin5,ia7 tioh4 jin5。】（句首、句中、句
> 尾各自押韻）

押韻是台灣諺語最常見的一種修辭方式，句首韻往往和句尾韻一起組織，增強韻的密度，加快節奏，產生一種急迫感。句中韻也和句尾韻一起使用，增加韻的密度，形成一種獨特的旋律美。

（二）諺語格律

「形體格律」是專就文字的排列而言，如漢詩有五言詩和七言詩，英國的十四行詩等即是形體格律，形體的格律使句子具有一種整齊美。

中國學者陳建民先生認為，漢民族重視和諧的心理，深刻影響到詞句結構排列的重視勻稱性。古代詩歌大量使用對仗、考究對仗工整，實際上受勻稱性規律所支配。陳建民指出：

> 四字語的語音段落一般是「2+2」，語音上成雙成對，平仄相間，
> 唸起來節奏勻稱，十分上口。五音節和七音節也有自己的節奏規
> 律，一般是「2+1+2」和「2+2+2+1」，唸起來有板有眼，優美動聽。
> 只有勻稱才能和諧，和諧可以產生節奏規律，給人的聽覺以美感。
> 〔註34〕

台語有音樂性，也離不開勻稱二字。

〔註34〕陳建民《語言文化社會新探》（上海：上海教育出版社，1989 年），頁 120。

漢語音節組合是形成外部節奏的重要因素。一個漢字一個音節，通常以兩個音節組合爲一個音步，或稱一頓。四言詩二頓「2+2」，五言詩三頓「2+2+1」或「2+1+2」，七言詩四頓「2+2+2+1」或「2+2+1+2」。頓表示一個節奏單位，也是最基本的節奏因素，然而詩歌的節奏效果還有賴於每句中頓的奇偶劃分。四言詩二二，無奇數；五言詩二三，七言詩四三，都是奇偶相間。相比之下，四言詩二頓，前後均等切分，缺少變化，節奏單調呆板，不如五、七言詩的流利活潑。五、七言的取代四言，從音律上說有其必然的原因。〔註35〕

台灣諺語在形體格律上有許多變化，其中以四言、五言、七言爲最多，其他如二字二字、三字三字、四字四字、五字五字等的組合也不少，茲列舉各種常見的句式變化如下：

1、四 言

【食雞起家 tsiah8 ke1 khi2 ke1】語音段落是「2+2」

【報死灌水 po3 si2 kuan3 tsui2】語音段落是「2+2」

2、五 言

【蔭屍蔭家己。im3-si1 im3 ka1-ti7。】語音段落是「2+1+2」

【大孫頂尾囝。tua7 sun1 ting2 bue2 kiann2。】語音段落是「2+1+2」

【天公痛戇人。thinn1-kong1 thiann3 gong7-lang5。】語音段落是「2+1+2」

【六年六兄弟。lak8 ni5 lak8 hiann1 ti7。】語音段落是「2+1+2」

3、七 言

【食豬心才會同心。tsiah8 ti1-sin1 tsiah4 e7 kang5 sin1。】語音段落是「1+2+2+2」

【田頭田尾土地公。tsan5-thau5 tsan5-bue2 tho2-ti7-kong1。】語音段落是「2+2+2+1」

【芎蕉吐囝害母身。kin1-tsio1 thoo3 kiann2 hai7 bo2 sin1。】語音段落是「2+2+1+2」

以上四言、五言、七言的句式都直接敘述，並未特別強調語氣。

4、二字，二字

【移花，換斗。i5-hue1，uann7-tau2。】

〔註35〕吳戰壘《中國詩學》，頁139。

5、二字，三字

　　【冷喪，不入莊。ling2 song1，put4 jip8 tsng1。】

6、三字，三字

　　【暗暗摸，生查晡。am3 am3 moo1，senn1 tsa1 poo1。】

　　【站高椅，拜大姐。khia3 kuan5 i2，pai3 tua7 tsi2。】

　　【某大姐，金交椅。boo2 tua7 tsi2，kim1 kau1 i2。】

7、四字，四字

　　【放手尾錢，富貴萬年。pang3 tshiu2 bue2 tsinn5,hu3 kui3 ban7-ni5。】

　　【賒豬賒羊，無賒新娘。sia1 ti1 sia1 iunn5，bo5 sia1 sin1 niu5。】

　　【來無張池，轉無相辭。lai5 bo5 tionn1 ti5,khi3 bo5 sio1 si5。】

以上諺語中大部分的句子都是押尾韻。

（三）節奏與對偶

　　節奏是聲律的具體的表現，在語言上，大致而言是指字數多寡、句子長短的問題。節奏的疏密會影響到內容、情感的表現，在俗諺中，如果節奏急促，則具有強調內容重要性的意味；如果節奏和緩，對於內容情感的表現比較舒徐，具有委婉勸告之意。

　　俗諺除了講求節奏，也注重對偶原則。所謂「對偶」，有四點要求：字數相等、結構相同、詞性一樣，內容相關。對偶是一種特殊的言語藝術，多數短小精悍，聲音諧和，形神俱足，情理交融。有時，對偶還套用、連用、兼用了多種多樣的修辭手法，它能給人以美的愉悅和理智的啟迪。〔註36〕台語俗諺則大致以字數相等、內容相關為原則。

1、急促緊湊的節奏

　　【近廟，欺神。kin7 bio7，khi7 sin5。】。

　　【栽花，換斗。tsai1-hue1，uann7-tau2。】。

2、徐緩的節奏

　　【頂半暝食你的粟，ting2-puann3-mi5,tsiah8 li2-e5-tshik4，

　　　下半暝食咱的粟。e5-puann3-mi5，tsiah8 lan2 -e5-tshik4。】

　　【娶著好某卡好天公祖，chau7 tioh8 ho2 boo2，khah4 ho2 thinn1 kong1

〔註36〕鄭頤壽、鄭韶風、魏形峰《對偶趣話》（福建：福建人民出版社，2000年，2003年），頁3。

tsoo2，

娶著歹某一世人艱苦。chau7 tioh8 phainn2 boo2，tsit8 si3 lang5 kan1 khoo2。】

節奏在文學藝術上，大多是指字數的多寡及句子長短，因此字數少，句子短的諺語裡，節奏較急促；字數多，句子長的諺語裡，節奏則較和緩。節奏的使用同樣也能使句式和諧，使散亂的字句能收束在一起，達到美感效果。

3、二字，二字

【移花，換斗。i5-hue1，uann7-tau2。。】

4、三字，三字

【跳過火，無事尾。thiau3 kue3 hue2,bo5 su7 bue2。】

5、四字，四字

【第一門風，第二祖公。te1-it4 mng5-hong1，te1-ji1 tso3-kong1。】

二字二字、三字三字、四字四字簡潔有力，令人感覺似真理般直指人心，並且也富涵節奏和韻律。

6、五字，五字

【有囝有囝命，u7-kiann2 u7-kiann2-mia7，

無囝天註定。bo5-kiann2 thinn1-tshu3-tiann7。】

【媒人保入房，muai5 lang5 po2 jip8 pang5，

無保一世人。bo5 po2 tsit8 si3 lang5。】

7、七字，七字：

【有父有母初一二，u7 pe7 u7 bo2 tshe1 it4 ji7，

無父無母初三四。bo5 pe7 bo5 bo2 tshe1 sann1 si3。】

【有父有母初二三，u7 pe7 u7 bo2 tshe1 ji7 sann1，

無父無母頭擔擔。bo5 pe7 bo5 bo2 thau5 tann1-tann1。】

8.二字，二字；二字，二字

【死爸，路遠；死母，路斷 si2 pe7 loo7 hng7，si2 bu2 loo7 tng7】

9、三字，三字；三字，三字

【有食藥，有行氣；u7 tsiah8 ioh8，u7 kiann5 khi3；

有燒香，有保庇。u7 sio1 hiunn1，u7 po2 pi3。】

以上二種句式，除了簡潔有力，還有層遞的效果。

黃飛龍《台灣閩南諺語修辭美學研究》指出：

> 臺灣閩南語是一種充滿音樂性的語言，具有樂音豐富；聲音和諧；
> 音節整齊；容易協調；輕重相間、容易調配；聲調不同，容易配合
> 的特性。〔註37〕

這種具有音樂美的語言應用在俗諺語這種精簡的句式上，形成富涵哲理又帶詩意的特色。

（四）諺語押韻運用分析

1、《臺灣禮俗語典》押韻分析

洪惟仁《臺灣禮俗語典》，書中內容介紹台灣禮俗文化，與本論文討論範圍大致相同。書後附錄謠諺索引，其中有關歌謠、諺語、成語，共 381 條，每則都附有音標，方便統計、比較。單句以音節為單位，雙句、三句、四句則以句為分析單位，經過初步計算，有押韻（尾韻）部分，計 220 條，佔全部總數的 57.74%，超過半數以上；沒有押韻（尾韻）部分，計 161 條，佔總數的 42.25%。由此證明押韻（尾韻）在台語日常生活中有一定的使用比率，在台語文化中有不可忽視的重要性。

2、本篇論文押韻分析

本篇論文收錄俗諺共 265 則（請參閱附錄），單句（四字以上）以音節、語意為單位，如：【食雞起家 tsiah8 ke1 khi2 ke1】；雙句、三句、四句則以句為分析單位，以韻腳相同為標準，經過初步計算，押韻（尾韻）149 則，佔全部總數的 56.2%，超過半數以上；沒有押韻（尾韻）部分，計 116 條，佔總數的 43.8%。

表 6-5

韻尾比較	生 育	結 婚	喪 葬	歲 時	廟 會	總 數
總數	32	40	45	70	78	265
押韻	12	24	32	47	34	149
平均	37.5%	60%	71.1%	60.7%	43.5%	56.2％

結果顯示，喪葬類俗諺有明顯較多押韻情形，歲時類俗諺其次，生育類俗諺則押韻情形較少。在押韻（尾韻）148 則中，若以單元音、非鼻音類雙複

元音、鼻音類複元音來觀察：

表6-6

	生育	結婚	喪葬	歲時	廟會	總數
總數	32	40	45	70	78	265
押韻	12	24	32	47	34	149
i	1	3	5	3	3	15
u		1	1	3		5
a	1			3	1	5
oo（ɔ）		4	2	6	6	18
o	1	2		2	1	6
e	2		2	3		7
iu				2		2
io				1		1
ai	3		2	1	3	9
au	1		4	4	1	10
ui		1		2	2	5
ua			1			1
ue		2	2			4
en					1	1
in			1	1	5	7
im				2		2
un				2		2
ng			1	1		2
ing		1	1		2	4
ang	1	3		3	1	8
ong		4	2	1	3	10
ian			1		3	4
inn			1	4		5
ann		1	1			2
enn	1			1		2
uan			1		1	2
unn		1				1
oann				1		1
uann			1			1

iann	1				1	2
it			1			1
ik		1				1
ah				1		1
iah			1			1
iat			1			1

結果顯示，尾韻是單元音有 56 則，占全部押韻比率 37.6%，其中以單元音 oo 有 18 則，占 12.1%比率最高。其次是單元音 i 有 15 則，占 10.1%。

尾韻是非鼻音雙複元音有 32 則，占全部押韻比率 21.5%，其中以雙複元音 au 有 10 則，占 6.7%比率，其次是 ai 有 9 則，占 6%。

尾韻是鼻音類複元音有 56 則，占全部押韻比率 37.6%；顯見台語鼻音類語音使用情形普遍。其中 ong 有 10 則，占 6.7%比率。

尾韻是入聲類 5 則，只占全部押韻比率 3.4%。

三、歌謠用韻

在文字不普及，社會尚未完全分化的前近代社會，歌謠與人們關係密切，它是人們最簡便的娛樂，既傳承經驗也抒發情感，可提升工作效能、鼓舞士氣，又可作為神人間溝通的工具。

與本論文主題有關的，是指口語型態的歌謠，即「徒歌」，不涉及「合樂」音樂部份。這類歌謠類型不少，如：童謠（兒歌、母歌）；唸謠（訣事歌或儀式歌）；歌謠（歲時歌、正月歌、病囝歌等敘事類）；……等類。

（一）歌謠用韻型式

跟台灣信仰習俗相關的歌謠很多，形式多樣化。以下先從結構，就押韻、未韻、換韻、文白異讀、漳泉異讀等情形，分析如下：

韻腳排列較密，有不少韻段是句句押韻；稍長的句段，寧可換韻，也要使韻腳排列較密，如民間歌仔冊的押韻及換韻即是一例。用韻特點，可分幾種情況：一是句句押韻；二是有的句子不韻；三是呈規律性的隔句押韻（即換韻）。

1、句句押韻：

〈請看戲〉

〔王爺生，卜做戲，ong5 ia5 sinn1，beh4 tso3 hi3，

吩咐三，吩咐四，hun1 hu3 sann1，hun1 hu3 si3，

吩咐親家親姆來看戲。hun1 hu3 tshin1 ke1 tshin1 m2 lai5 khuann3 hi3。

對竹跤，厚竹刺，tui3 tik4 kha3，kau7 tik4 tshi3，

對溪邊，驚跋死，tui3 khe1 pinn1，kiann1 puah8 si2。

對大路，嫌費氣，tui3 tua7 loo7，hiam5 hui3 khi3，

攏勿去著無代誌。long2 mai3 khi3 tioh4 bo5 tai7 tsi3。〕〔註38〕（押 i 韻）

〈嫁翁〉

〔嫁着讀冊翁，ke3 tioh8 thak8 tseh4 ang1，

三日無食亦輕鬆，sann1 jit8 bo5 tsiah8 ah4 khin1 sang。

嫁着青盲翁，ke3 tioh8 tsenn1me5 ang1，

梳頭抹粉無彩工〔註39〕，se1 thau5 buah4 hun2 bo5 tsai2 kang1。

嫁着臭耳翁，ke3 tioh8 tsau3 hinn7 ang1，

講話聽無氣死儂，kong2 ue7 thiann1 bo5 khi3 si2 lang5。

嫁着啞口〔註40〕翁，ke3 tioh8 e2 kau2 ang1，

比手畫刀驚死儂，pi2 tsiu2 ue2 to1 kiann1 si2 lang5。

嫁着跛跤翁，ke3 tioh8 pai2 kha1 ang1，

行路親像跳乩童，kiann5 loo7 tsin1 tsiunn7 thiau3 ki1 tang5。

嫁着隱痀〔註41〕翁，ke3 tioh8 un2 ku1 ang1，

棉績被底會格空，mi5 tsioh4 phoe7 te2 e8 kek4 khang1。

嫁着矮跤翁，ke3 tioh8 e2 kha1 ang1，

燒香點火倩別儂。sio1 hiunn1 tiam2 hue2 tsiann3 pat8 lang5。

嫁着賬跤翁，ke3 tioh8 lo3 kha1 ang1，

死了入木斬跤胴〔註42〕。si2 liau2 jip8 bok8 tsam7 kha1 tang5。

嫁着做田翁，ke3 tioh8 tso3 tsan5 ang1，

汗流汗滴臭擅重。kuann7 lau5 kuann7 tih4 tsau3 hian3 tang7。

〔註38〕陳義弘編註《台灣戲謔歌詩》（屏東：安可出版社，2000 年），頁 219。

〔註39〕【無彩工 bo5 tsai2 kang1】，無用。

〔註40〕【啞口 e2 kau2】，啞巴。

〔註41〕【隱痀 un2 ku1】，駝背。董忠司《臺灣閩南語辭典》，頁 1493。

〔註42〕【跤胴 kha1 tang5】，腳尾骨。

嫁着拍金翁，ke3 tioh8 phah4 kim1 <u>ang1</u>，

妝甲一頭金璫璫。tsng1 kah4 tsit8 thau5 kim1 tang1 <u>tang1</u>。

嫁着跋筊〔註43〕翁，ke3 tioh8 puah8 kiau2 <u>ang1</u>，

跋若贏，一手捾肉一手蔥，puah8 na7 iann5 tsit8 tsiu2 kuann7 bah4 tsit8 tsiu2 <u>tsang1</u>，

跋若輸，當甲空空空 puah8 na7 su1 tng3 kah4 khang1 khang1 <u>khang1</u>。〕〔註44〕

整首 23 句都押相同的 ang 韻。

2、未韻，指句中不押韻的情況。

中國詩歌中，七言絕句第三句不押韻。台灣歌謠以押韻為原則，不押韻情況為特例但也很自由。

〈關椅仔姑〉

〔椅仔姑，椅仔姑，i2-a2- k<u>oo</u>1，i2-a2- k<u>oo</u>1，

到咱兜，吃雞肉絲菇。kau3 lan2 tau1，tsiah8 ke1-bah4-si1 k<u>oo</u>1。〕

（第三句〔兜 tau1〕未韻，其餘押 oo 韻）

〈新娘仔〉

〔食菝子〔註45〕放銃子〔註46〕，tsiah8 pat8-a2 pang3 tshing3-ts<u>i</u>1

食柚子放蝦米，tsiah8 iu5-a2 pang3 he5-b<u>i</u>2

食龍眼放木耳，tsiah8 ling5/ging5-ging2 pang3 bok8-n<u>i</u>2

欲娶新娘尚歡喜。be2 tshua7 sin1-niu5 siong7 huann1-h<u>i</u>2

新娘仔透早起來，sin1-niu5-a0 thau3-tsa2 khi2 lai5

入灶跤洗碗箸，jip8 tsau3-kha1 se2 uann2-t<u>i</u>7

入大廳拭交椅，jip8 tua7-thian1 tshit4 kau1-<u>i</u>2

入房間繡針黹，jip8 phang5-king1 siu3 tsiam1-ts<u>i</u>2

呵咾兄，呵咾弟，o1-lo2 hiann1，o1-lo2 t<u>i</u>7

呵咾親家親姆賢教示，o1-lo2 tshing1-ke1 tshing1-m2 gau5 ka3-s<u>i</u>7

〔註43〕【跋筊 puah8 kiau2】，賭博。有用「跋繳」、「跋九」。董忠司《臺灣閩南語辭典》，頁 1048。

〔註44〕黃勁連，1997 年，《台灣歌詩集》，頁 249。

〔註45〕【菝子 pat8-a2】，番石榴。董忠司《臺灣閩南語辭典》，頁 990。

〔註46〕【銃子 tshing3-tsi1】，子彈。董忠司《臺灣閩南語辭典》，頁 273。

　　教好伊 ka3 ho2 i1〕〔註47〕

這首歌謠除了第五句〔來〕未押同韻外，其餘都押 i 尾韻，還有三個地方押頭韻，即第一到三句重複頭一字〔食〕，第六到八句重複頭一字〔入〕，第九到十一句重複頭一字〔呵〕形成特殊的音律效果，讓人有百聽不厭的感覺。

3、換　韻

有二句換韻、四句換韻、自由換韻等情形。

（1）二句換韻

〈點丁歌 tiam2-ting1-koa1〉

〔一點東方甲乙木，it4 tiam2 tang1-hong1 kah4 it4 bok8，
團孫代代居福祿。kiann2-sun1 tai7 tai7 ki1 hok4 lok8。（押 ok 韻）
二點南方丙丁火，ji7 tiam2 lam5-hong1 piann2 ting1 hue2，
團孫代代發家伙。kiann2-sun1 tai7 tai7 hoat4 ke1- hue2。（押 ue 韻）
三點西方庚辛金，sam1 tiam2 se1-hong1 kenn1 sin1 kim1，
團孫代代發萬金。kiann2-sun1 tai7 tai7 hoat4 ban7 kim。（押 im 韻）
四點北方癸壬水，su3 tiam2 pak4-hong1 jim7 kui3 sui2，
團孫代代大富貴。kiann2-sun1 tai7 tai7 tua7 hu3-kui3。（押 ui 韻）
五點中央戊己土，goo7 tiam2 tiong1-ng1 boo7 ki2 thoo2，
團孫壽元如彭祖。kiann2-sun1 siu7 goan5 ju5 phenn5-tsoo2。（押 oo 韻）〕〔註48〕（每兩句換韻）

（2）四句換韻。歌詞要求押韻的句數越多，越整齊，其困難度就越高。「七字仔」歌謠通常以四句為一節來換韻。

〈婚嫁歌〉

〔白衫穿來白蔥蔥，peh8 sann1 tsing7 lai5 peh8 tshang1 tshang1，
蝦仔落鼎遍身紅，he5 a2 loh8 tiann2 phian3 sing1 ang5，
娘仔想要嫁好翁，niu5 a2 siunn7 beh4 ke3 ho2 ang1，
父母主婚限定人。pe7-bo2 tsu2 hun1 han7 tiann7 lang5。（押 ang 韻）
我娘嫁着歹翁婿，guan2 niu5 ke3 tioh4 phainn2 ang1 sai3，
好漢藏打〔註49〕無人知，ho2 han3 tshang3 phah4 bo5 lang5 tsai1，

<hr>

〔註47〕康原撰文、施福珍詞曲、王灝繪圖《台灣囡仔歌的故事》〈二〉，頁 26。
〔註48〕徐福全《台灣民間傳統喪葬儀節研究》，頁 230。
〔註49〕【藏打 tshang3 phah4】，暗裡打入。

心肝愈來愈無愛，sim1 kuann1 ju2 lai5 ju2 bo5 ai3，

名字在君家甲牌〔註50〕。mia5 ji2 tsai7 kun1 ka1 ka7 pai5。（押 ai 韻）〕〔註51〕

（3）自由換韻。一般雜唸仔歌謠，每句字數不一，型式複雜多樣，換韻自由。

〈彰化芎蕉十二叢〉

〔彰化芎蕉十二叢，tsiang1-hua3 kin1-tsio1 tsap8-ji7 tsang5，

天公姆也做媒儂，tinn1-kong1-m2 a0 tso3 muai5-lang5，（押 ang 韻）

做佗位？做竹篾仔街，tso3 to2 ui7 tso3 tek4-bih8-a2-ke1，

坐轎騎馬來巡街，tse7-kio7 khia5-be2 lai5 sun5-ke1，（押 e 韻）

土地公，聽我說，tho2-ti7-kong1,thiann1 gua2 sueh4，

今年三十八 kin1-ni5，sann1-tsap8-peh4，（押 eh 韻）

好花著稠枝，ho2-hue1 tioh8 tiau5 ki1，

好囝著來出世，ho2-kiann2 tioh8 lai5 tsut4-si3，

值時卜搬戲，四月四，ti7-si5 beh4 puann1-hi3，si3-gueh8 si3，

搬甚乜戲？三獻三界字，puann1 sim2 mih4 hi3 sam1-hian3-sam1-kai3-ji7，

火把十六枝，豬羊家已飼，hue2-pe2 tsap8-lak8 ki1，ti1 ionn5 ka1-ki7 tsi7，

閹雞牯，三斤二。iam1-ke-koo2,sann1 kin1 ji7。（押 i 韻）〕

4、寬　韻

韻腳安排，較爲寬鬆，凡屬同一韻部（包括陰、陽、入韻），或有不同韻部，音近而互相押韻。

〈點主〉

〔一筆舉起指上天，it4 pit4 giah8 khi2 tsi2 siong7 thian1，

安奉牌位在靈前；an1 hong7 pai5-ui7 tsai7 ling1 tsian5；

王字頭上加一點，ong5 ji7 thau5 siong7 ke1 tsit8 tiam2，

默佑子孫福綿延。bik8 iu7 tsu2-sun1 hok4 bian5 ian5〕〔註52〕

〔註50〕【家甲牌 ka1 ka7 pai5】，戶口名簿，往時都寫在一個木牌。
〔註51〕吳瀛濤《臺灣諺語》，頁 406。
〔註52〕徐福全《台灣民間傳統喪葬儀節研究》，頁 297。

第三句 iam 韻和其他三句的 ian 韻互押。韻腹相同的鼻尾韻〔-m〕系和〔-n〕系可以合押，即〔am〕〔iam〕〔an〕〔ian〕〔uan〕一體通押。〔註53〕

〈嬰仔剃頭〉

〔嬰仔出世胎毛少，inn1-a2 tshut4-si3 thai-moo5 tsio2，
生做古錐愛人惜；senn1 tso3 koo2-tsui1 ai3 lang5 sioh4；
今日剃頭上介好，kin1-jit8 thi3-thau5 siong7 kai3 ho2，
嬰仔賢大眾人褒。inn1-a2 gau5 tua7 tsing3 lang5 po1。〕

第一句複合元音 io 韻、第二句複合塞音韻尾 ioh 韻和第三、四句的主要元音 o 韻互押。

五、文白異讀

〈子孫桶〉

〔子孫桶縣（提）震動，tsu2 sun1 thang2 kuann7 tin2 tang7，
生囝生孫做相公。senn1 kiann2 senn1 sun1 tso3 siunn3-kang1。〕

「相公」有文白二讀：文讀音 siong3-kong1；白讀音 siunn3-kang1。此處為符合押韻要求，必唸白讀音，但白讀音已很少聽到。

〈安床〉

〔翻過去，生進士。ping2 kue3 khu3 ,senn1 tsin3 su7。（押 u 韻）〕

「去」有文白二讀：白讀音 khi3；文讀音 khu3。此處為符合押韻要求，必唸文讀音，但文讀音 khu3 習慣上已很少用了。

六、漳泉異讀

〈新娘茶〉

〔新娘茶甜甜，sin1-niu5 te5 tinn1 tinn1，
明年生後生。me5 ni5 senn1 hau7- sinn1。〕

「生」讀法：（漳）senn1；（廈）（泉）sinn1。〔註 54〕在這裡為配合「甜」押韻要讀（泉）sinn1 互押。

〔註53〕張嘉星《漳州方言童謠選釋》（北京：語文出版社，2006 年），頁 25。
〔註 54〕周長楫主編《閩南方言大詞典》，頁 502。

（二）歌謠結構分析

黃得時〈臺灣歌謠之形態〉：「臺灣歌謠的構造是由：1、語言；2、文字；3、字數；4、句數；5、押韻；6、平仄等要素而成立。」〔註55〕

許常惠《台灣福佬系民歌》就其中要素作了說明：〔註56〕

1、語　言

就王力《中國音韻學》所述的閩音系五點特色，〔註57〕表現在臺語歌謠上面，可能有下列特色：

（1）因為韻尾有-m、-p、-t、-k，以及保存破裂音〔t〕〔th〕的關係，唱出來的歌謠音調爽脆而豪壯。

（2）因為聲調在七類以上，唱出來的歌詞抑揚高低不太明顯，即有平順溫柔的感覺。

2、字　數

臺語歌謠的字數，大體可分為兩大類：

（1）七字仔，即每句限七字。多用於情歌及故事歌謠。

（2）雜唸仔，每句字數不定，至少三字，至多不超過十二字。多用於敘事歌謠及兒歌。

3、句　數

臺語歌謠的句數，在「七字仔」即每首限四句。至於故事歌謠，每首仍是四句，不過首數多少不定。但句數無論怎樣多，究竟是「七字仔」的反覆重疊，每四句為一節而已。所以在曲調上，每一節的曲調相同，每一句構成一個動機，每一節構成一段體形式的歌調。

至於「雜唸仔」，每首句數多少不定，至少二句，至多不超過五十句，所以它的曲式也不定，從不完整一段體至二段體，小三段體，複三段體等都是可能的。

4、押　韻

臺語歌謠，押韻都很自由。如：

〔註55〕黃得時，〈臺灣歌謠之形態〉，《台灣文獻》1952年5月，3卷1期，頁1。

〔註56〕許常惠《台灣福佬系民歌》（台北：百科文化事業公司，1982年），頁15～18。

〔註57〕五項特點包括：a.多數古濁母平聲分讀不吐氣。b.知、徹、澄保存破裂音成〔t〕〔th〕。c.無輕唇音〔f〕〔v〕。d.有韻尾-m、-p、-t、-k。e.聲調在七類以上，與古代.聲調系統不同。

（1）鬮句，就是「協韻」或「叶韻」的意思。無論「平韻」叶「仄韻」相叶，只要用「口頭」喝一喝看，如果韻與韻相叶順口，那就可以。

（2）臺語歌謠，四句都要押韻，只要鬮句就可以通押，韻母相同的韻腳也無需避免。

（3）臺語歌謠，特別在故事歌謠中，每四句或每八句須要換韻一次，沒有一韻到底。這是因為故事歌謠是由於每首句的情歌重疊反覆而構成的。

至於「雜唸仔」的換韻，那就很自由了，每二句換一韻也有，每三句換一韻也有，沒有一定的限制。

5. 平　仄

臺語歌謠，很自由，不管是平是仄，只要唱起來語氣通順，音律和諧就可以了。綜合來看，台灣歌謠的構成，在字數、句數、押韻、平仄等方面都相當的自由、寬鬆，可說是一種具有自然樸素的民間風格。

（三）歌謠押韻分類

跟台灣信仰習俗相關的歌謠很多，形式多樣化，每類押韻情形都不盡相同。

1、童　謠

簡單地說，就是孩童邊唸邊唱的歌謠。童謠大都是朗誦而不唱的。事實上，歌詞本身已有高低不同的聲調，加上唸時的強弱長短，它的抑揚頓挫，已自然賦予了「口語的音樂化」而具有歌曲的神韻。

童謠的歌詞長短不一，字句多堪玩味，大都是孩童在日常生活嬉戲時，口中唸唸有詞，日復一日，朗朗上口，而流傳下來。當然，也有些是經成人在不失純眞、清新的原則下，加以美化而使之更能順口朗誦出來的。童謠歌詞的特色在流露童稚天眞無邪的想像力和心聲。加上對詞句韻腳連串的重視，歌詞內容和意義，就無法十分講究。〔註58〕

廖漢臣《台灣兒歌》，認為台灣兒歌在形式上，有七點特質：（1）聲韻很活潑，多有押韻，不然則以辭句排比，調整節奏，或以各地腔調說唱，增加兒童興趣。（2）句式也很自由，概以三、五、七句為基調，其間常多插入長句，顯得更有變化。（3）結構變化，比較單純。（4）興多比少。（5）情趣深

〔註58〕簡上仁、林二《臺灣民俗歌謠》（台北市：眾文圖書公司，1978年），頁93。

厚。（6）言語平白。（7）順口成章。〔註59〕

　　李赫《台灣囝仔歌》中，指出：押韻是童謠的一個特色，因爲押韻才好唸好記，因此只要抓住了第一個韻，或是每一節裡第一個韻，以下的就可以順利唸出來。他並且認爲，童謠爲了好唸，都有對仗及節奏感，抓住這一點，唸台灣童謠不難。〔註60〕以下以實例說明。

　　（1）〈欲娶某〉

　　　　〔欲娶某，欲娶某　beh4 tshua7-boo2，beh4 tshua7-boo2，
　　　　娶著一个即大箍〔註61〕 tshua7 tioh4 tsit8-e7 tsiah4 tua7-khoo1，
　　　　目睭吐吐，頷頸仔烏烏〔註62〕 bak8-tsiu1 thoo3-thoo3，am7-kun2-a0
　　　　oo1-oo1，
　　　　袂輸會社煙筒箍〔註63〕。be7-su1 hue7-sia7 ian1-tang5-khoo1。〕

　　　　〔註64〕

整首四句全部押尾韻 oo 韻。每句字數不定，第一句分兩段三字外，其餘爲七、九字。第一句起興，重複「欲娶某」有疊音效果，整首唸出來趣味橫生，頗有揶揄味道，不失童謠生動、活潑的本色。

　　（2）〈欲嫁翁〉

　　　　〔欲嫁翁，欲嫁翁，beh4 ke3-ang1，beh4 ke3-ang1，
　　　　嫁著一个老大人，ke3 tioh4 tsit8-e7 lau7-tua7-lang5，
　　　　喙鬚長長好拌蠓〔註65，〕tshui3-tshiu1 tng5 tng5 ho2 puann7-bang2，
　　　　瘖疴嗽嗽〔註66〕氣死人。he1-ku1 kham7-sau3 khi3 si2 lang5。〕

　　　　〔註67〕

整首四句，全部押 ang 韻。每句字數除第一句分兩段三字外，其餘三句都是七

〔註59〕廖漢臣，《台灣兒歌》，頁 27。
〔註60〕李赫《台灣囝仔歌》（台北：稻田出版社，1998 年），頁 5。
〔註61〕【即 tsiah4】，這麼、如此。【大箍 tua7-khoo1】，胖的意思。
〔註62〕【頷頸仔 am7-kun2-a0】，脖子。【烏烏 oo1-oo1】，黑色，引申爲「髒」。
〔註63〕【袂輸 be7-su1】，不會輸、差不多。【會社 hue7-sia7】，日據時期的公司組織。
　　　　【煙筒箍 ian1-tang5-khoo1】，煙囪。
〔註64〕胡萬川、陳嘉瑞總編輯《潭子鄉閩南語歌謠集》（台中縣立文化中心，2002
　　　　年），頁 102。
〔註65〕【拌蠓 puann7-bang2】，揮趕蚊子。【蠓 bang2】，蚊子。
〔註66〕【瘖疴 he1-ku1】，氣喘。【嗽嗽 kham7-sau3】，咳嗽。
〔註67〕胡萬川、陳嘉瑞總編輯《潭子鄉閩南語歌謠集》，頁 104。

字，第一句起興也用重複「欲嫁翁」疊音效果，整首唸出來趣味橫生，也帶有揶揄味道，表現童謠生動、活潑的本色。

（3）〈翁仔某〉

〔翁某〔註68〕翁仔某，ang1-boo2，ang1-a2-boo2，

提錢買菜脯。theh8 tsinn5 be2/bue2 tshai3-poo2。

菜脯〔註69〕不好食，tshai3-poo2 bo5 ho2 tsiah8，

翁某走相掠〔註70〕。ang1-boo2 tsau2 sio1-liah8。〕〔註71〕

整首四句，每句字數都是五字，前兩句押 oo 韻，後兩句押 iah8 韻。

（4）〈新娘媠媠〉

〔新娘媠媠，sin1-niu5 sui2 sui2，

囝婿飫鬼，kiann2-sai3 iau1-kui2，

媒人婆仔不死鬼〔註72〕mue5/hm5 lang5 po5 a2 put4-su3-kui2〕

整首三句，通押 ui2 韻。

這兩首歌都屬於趣味兒歌，充滿戲謔，算是順口溜。

（5）〈娶新娘〉

〔五舅仔娶新娘，goo7 ku7 a2，tshua7 sin1 niu5，

請人客佇粟仔場；tshiann2 lang5 kheh4，ti7 tshek1 a2 tiunn5，

無刣豬也無刣羊，bo5 thai5 ti1，ia7 bo5 thai5 iunn5，

三碗白飯配豆醬，sann1 uann2 peh8 png7 phue3 tau7 tsiunn3，

大家嘛食甲飽漲漲。tai7 ke1 ma7 tsiah8 kah4 pa2 tiunn3 tiunn3。〕

〔註73〕

整首都押 iunn 韻。這首娶新娘主要在描述請客時的氣氛。雖然沒有大排場，

〔註68〕【翁某 ang1-boo2】，夫妻。又作【翁仔某 ang1-a2-boo2】。前兩字原文無，本論文作者所加。

〔註69〕【菜脯 tshai3-poo2】，蘿蔔乾。

〔註70〕【相掠 sio1-liah8】，互相追逐；你跑我追。【走相掠 tsau2 sio1-liah8】，兒童互相追逐的遊戲。

〔註71〕未經譜曲的謠詞，流行於彰化地區。簡上仁、林二《臺灣民俗歌謠》，頁96。

〔註72〕【不死鬼 put4-su3-kui2】，罵人的話。董忠司《臺灣閩南語辭典》，用「不四鬼」，頁 694。

〔註73〕方南強主編《阿寶迎媽祖——歡喜念歌詩》（台北：寶佳利文化公司，2002年），頁44。

但喜氣洋洋，大家都吃得很盡興。

（6）〈嫁查某囝〉

〔三叔公仔嫁查某囝，sann1 tsek1 kong1 a2，ke3 tsa1 boo2 kiann2，

厝邊頭尾攏去予請，tshu3 pinn7 thau5 bue2，long2 khi3 hoo7 tshiann2，

有米糕有大餅，u7 bi2 ko1，u7 tua7 piann2，

閣有圓仔三大鼎。koh4 u7 inn5 a2 sann1 tua7 tiann2。〕〔註74〕

整首都押 iann 韻，字數不一，但有對仗。這首囝仔歌主要在描述鄉下嫁查某囝時鄰居參與的熱鬧氣氛，同時有小朋友愛吃的食物，當然很吸引人。

這幾首童謠都跟「婚俗」有關，整個情況來看，都很講究第一句起興——重複產生疊音，和尾韻押韻，以造成聲音的迴旋、動態的音律美感。至於歌詞內容，前三首大致以揶揄為主，產生足以吸引人的笑果。每句字數長短不一，顯得活潑。

童謠是兒童生活中所哼唱的歌曲，其內容相當廣泛，在學校教育不普及的前近代社會，童謠不僅是兒童們的娛樂，也具啟蒙的功能。

2、訣術歌

以禁厭歌為多，與語言巫術有關，是昔日生活中最常見的唸謠型態。尤以關於兒童的流行最多，所以這類與童謠有密切關係。

（1）〈目睭掣〉

〔目睭掣，掣什事〔註75〕；bak8-tsiu1 tuah8，tuah8 sim2 tai7；

好事來，歹事煞；ho2-su7 lai5，phainn2-su7 suah4；

觀音佛祖來收煞。kuan1-im1-hut8-tsoo2 lai5 siu1 suah4。〕〔註76〕

整首三句，這類唸謠因強調歌詞的祈求功能，所以無法講求押韻整齊，但有第一、二句「掣」重複；第三、四句「事」重複，以及後兩句押 i 韻。唸起來也生動、活潑。眼皮跳，被認為是不祥的徵兆，唸這首歌謠，請觀音佛祖來保庇，祈求好事來，壞事去。

〔註74〕同前註，頁 46。

〔註75〕原文用「目珠掣」「掣啥代」。【事 tai7（白）/ su7（文）】人類的行為和所從事的一切事物的總稱。董忠司《臺灣閩南語辭典》，頁 1265。

〔註76〕黃勁連《台灣囝仔歌一百首》，頁 14。

（2）〈目睭公〉

〔目睭〔註77〕公，目睭婆，bak8-tsiu1 kong1，bak8-tsiu1 po5，
塊〔註78〕著砂，連鞭〔註79〕歕，連鞭化，ing1 tioh4 sua1，liam5-mi1
pun5，liam5-mi1 hua3
塊著草，連鞭歕，連鞭走。ing1 tioh4 tshau2，liam5-mi1 pun5，
liam5-mi1 tsau2。〕

整首三句，每句字數不等。第一句起興，把眼睛擬人化，稱為「目睭公、目
睭婆」，二、三句重複「塊著（砂、草），連鞭歕，連鞭（化、走）」的句型，
三句都有重複語詞，而二、三句各自押 ua、au 韻，都能產生聲音迴旋效果。
至於歌詞內容則希望被異物入侵的眼睛趕快恢復正常，是帶有祈求功能的目
的。

昔日人民生活水準低，醫療條件差。小孩眼睛如進入異物，一邊唸此訣
術歌，一邊吹眼睛，可能是一種安撫作用。這首唸白既簡單又押韻，頗有鄉
村氣息。〔註80〕

（3）〈無驚嬰〉

〔無驚嬰，無驚耳，bo5 kiann1 inn1，bo5 kiann1 hinn7
驚个耳仔尾，溜溜去。kiann1 e0 hinn7 a2 be2，liu3 liu3 khi3。〕
「嬰」讀法：（漳）ɛnn1；（廈）enn1；（泉）inn1。〔註81〕

在這裡顯然「嬰」要讀（泉）inn1 才能和「耳」押韻。又 inn 韻和 i 韻互
押，即鼻化韻尾 inn 和主要元音 i 韻互押，屬寬韻。

帶小孩時，當嬰兒跌倒或受到驚嚇，就拍拍嬰兒的胸部，並且輕拉著耳
朵，唸這首歌謠，據說有安撫作用。〔註82〕

（4）〈一二三四〉

〔一二三四，tsit8、nng1、sann1、si3，
囡仔人洗身軀無事誌，gin2-a2-lang5 se2-sing1-khu1 bo5-tai7-tsi3，

〔註77〕【目睭 bak8-tsiu1】，眼睛。
〔註78〕【塊 ing1】，細砂子襲到眼睛。
〔註79〕【連鞭 liam5-mi1】，馬上。
〔註80〕胡萬川總編輯《沙鹿鎮閩南語歌謠集》（二），頁 102。
〔註81〕周長楫主編《閩南方言大詞典》，頁 544。
〔註82〕胡萬川總編輯《沙鹿鎮閩南語歌謠集》（二），頁 106。

　　　　土地公伯仔湊保庇，tho2-ti7-kong1-peh4-a0 tau3 po2 pi3，

　　　　毋好予水鬼仔共我拖去。m7 ho2 hoo7 tsui2-kui2-a2 ka7 gua2 thua1

　　　　khi3。〕

整首四句，每句字數不等。第一句起興，沒有意思。四句押 i 韻，聲調也一致。
歌詞內容是在下水游泳前，希望土地公保佑平安無事，不要讓水鬼拖去。也
是有祈求功能的目的。小時候鄉村沒有游泳池，小孩到水溝或大圳找水游泳
之前，先用右手沾水拍拍胸腔，邊拍邊唸此謠以安慰自己。〔註83〕

　　（5）〈月娘娘〉

　　　〔月娘娘，月姊姊，gueh8 niu5-niu5，gueh8 tsi2-tsi2

　　　　阮是無躊躇〔註84〕，指著妳，gun2 si7 bo5-tiunn1-ti5，ki2 tioh4 li2

　　　　請妳毋通來受氣〔註85〕，tshiann2 li2 m7-thang1 lai5 siu7-khi3

　　　　攏是阮家己，long5 si7 gun5 ka1-ti7，

　　　　月娘娘，月姊姊，gueh8 niu5-niu5，gueh8 tsi2-tsi2 ，

　　　　妳是阮姊姊，我是弟，li2 si7 gun2 tse2-tse2，gua2 si7 ti2，

　　　　請妳毋通攑關刀，tshiann2 li2 m7-thang1 gia5 kuan1-to1，

　　　　割阮的雙爿〔註86〕耳，kua3 gun2 e5 siong1-ping5 hinn1。（押 i 韻）〕

　　　　〔註87〕

整首八句，除了第七句外，都押尾韻 i 韻。這首童謠有明顯的祈求意味。雙
手合掌，對著月亮拜一拜，祈求月娘保佑，更期待月娘不要割小朋友的耳朵。
〔註88〕

　　舊俗裡，小孩不可以用手指頭指月亮。原因可能是：民風未開，以為月
亮有神性。

　　（6）〈收驚〉

　　　〔一鼠、二牛、三虎、四兔、五龍、六蛇、七馬、it4 su2、ji7 gu5、

　　　　sann1 hoo2、si3 thoo3、goo7 ling5、lak8 tsua5、tshit4 be2、

〔註83〕 胡萬川、王正雄總編輯《外埔鄉閩南語歌謠集》（台中縣立文化中心，1999
　　　　年），頁 120。

〔註84〕 【無躊躇 bo5-tiunn1-ti5】，不小心。

〔註85〕 【受氣 siu7-khi3】，生氣。董忠司《臺灣閩南語辭典》，頁 1217。

〔註86〕 【爿 ping5】，邊。

〔註87〕 胡萬川總編輯《沙鹿鎮閩南語歌謠集》（三），頁 162。

〔註88〕 胡萬川、陳嘉瑞總編輯《潭子鄉閩南語歌謠集》，頁 90。

八羊、九猴、十雞、十一狗、十二豬。pueh4 iunn5、kau2 kau5、tsap8 kue1、tsap8 it4 kau2、tsap8 ji7 ti1。

收驚，收驚，收收予豬予狗驚。siu1-kiann1，siu1-kiann1，siu1 siu1 hoo7 ti7 hoo7 kau2 kiann1。

收予離，幼兒收收無事志。siu1 hoo7 li7，iu3-ji5 siu1 siu1 bo5 tai7-tsi3。〕〔註 89〕

「收驚」曾是昔日非常普遍的民俗療法。當小孩夜哭、拉青屎或成人受到驚嚇，唸唸這句咒語，相信會產生安撫心情的效果。

3、儀式歌

台灣民間風俗，凡在每件喜事、生子、嫁娶、新年節慶都有說吉祥話的習慣。吉祥話的語句，自然是押韻的，隨口說出，其內容不外升官發財、多子多孫、長生不老。吉祥話大多數屬於鬥句的四句聯型式。

吳瀛濤《臺灣民俗》稱這種謠俗為「念喜句」、「念吉句」（喪俗）或「念四句」。〔註 90〕朱介凡《中國歌謠論》：「婚喪大事，喜慶宴會，須有典有則，揖讓進退，彬彬如也，賓主尊卑之間，言行舉止，皆當講究禮數。……在諸種禮節中，表示人們意願的一些謠歌，成為禮節中的主要部份，那就是各種儀式的歌唱了。」〔註 91〕

四句聯仔表達方式主要是用四句做一個單位來表達，全鬥句（押韻），每一句的字數以七字較普遍，所以往往有「七字仔」的講法。當然也有五字一句，和四字一句，或其他字數不等的表達方式。

（1）「安牀」儀式

〔翻過東，生囝做相公；ping2 kue3 tang1，senn1 kiann2 tso3 siunn3-kang1；（押 ang 韻）

翻過西，生囝生孫做秀才。ping2 kue3 sai3，senn1 kiann2 senn1 sun1 tso3 siu3-tsai5。（押 ai 韻）〕

祝福男家娶親後能儘早生出查甫（男孩），並考上秀才、進士，好光宗耀祖。每句字數不等，前兩句押 ang 韻；後兩句押 ai 韻。

〔註 89〕董忠司《臺灣閩南語辭典》，頁 1213。

〔註 90〕吳瀛濤《臺灣民俗》，頁 135。

〔註 91〕朱介凡《中國歌謠論》（台北：臺灣中華書局，1974 年），頁 573。

（2）「新娘踏破瓦、入門檻」儀式

〔瓦破，人不破。hia7 phua3，lang5 bo5 phua3。

跨予過，予你富袂退。hann7 hoo7 kue3，hoo7 li2 hu3 bue2 thue3。〕

〔註92〕

【瓦 hia7】和【邪 sia5、ia5】諧音，瓦破，意即：諸邪逐去。

每句字數不等，前後句押韻。

（3）「金盆入門」儀式

〔金盆捾懸懸，kim1 pun5 kuann7 kuan5 kuan5，

生囝生孫中狀元。senn1-kiann2 senn1-sun1 tiong3 tsiong7-guan5（押
uan 韻）

金盆捾低低，kim1 pun5 kuann7 ke1 ke1，

新郎快做父。sin1-long5 kin2 tso3 pe7。（押 e 韻）

新娘快做母，sin1-nioo5 kin2 tso3 bo2。

金盆捾入來，kim1 pun5 kuann7 jip8 lai5，

添丁大發財。thiam1 ting1 tua7 huat4 tsai5。（押 ai 韻）〕 〔註93〕

有些地區娶新娘時，媒人通常要拿一個金盆進大門，邊走邊唸這類吉祥話。

整首七句，除第二句七字外，其他都是五字。每二句換韻。

（4）「拜堂完婚」儀式

〔一拜天地成夫妻，it4 pai3 thian1-te7 sing5 hu1-tshe1，

二人結髮囝孫濟，ji7 pai3 kiat4-huat4 kiann2-sun1 tse7，

男女姻緣天來配，lam5-lu2 im1-ian5 thinn1 lai5 phe7/phue7，

感情永遠無問題，kam2-tsing5 ing2-uan2 bo5 bun5-te5，

二拜高堂敬祖先，ji7 pai3 ko1-tong5 king3 tsoo2-sian1，

男女做陣是天緣，lam5-lu2 tso3-tin7 si3 thinn1-ian5，

夫妻和合永不變，hu1-tshe1 ho5-hap8 ing2 put4 pian3，

妻賢夫貴萬萬年，tshe1 gau5 hu1 kui3 ban7 ban7 lian5，

夫妻對拜徛正正，hu1-tshe1 tui3-pai3 khia7 tsiann3 tsiann3，

向望入門翁姑痛，ng3-bang7 jip8-nng5 ang1-koo1 thiann3，

〔註92〕胡萬川、陳益源總編輯《雲林縣閩南語歌謠集》（一），頁30。
〔註93〕胡萬川總編輯《沙鹿鎮閩南語歌謠集》（三），頁174。

良時吉日來合婚，liong5 si5 kiat4 jit8 lai5 hap8 hun1，

一夜夫妻百世恩，it4 ia7 hu1-tshe1 pik4 se3 un1。〕〔註94〕

整首三葩（四句），共十二句，第一個四句押 e 韻；第二個四句押 ian 韻；第三個四句，配合語意，前兩句押 iann 韻，後兩句押 un 韻。

（5）「送入洞房」儀式

〔送入洞房入房內，sang3 jip8 tong7 pang5 jip8 pang5 lai7，

男女做陣天安排；lam5 lu2 tso3 tin7 thinn1 an1 pai5；

今夜花燭千日愛，kim1 ia7 hua1 tsiok4 tshing1 jit8 ai3，

生育貴囝大發財。senn1 io1 kui3 kiann2 tua7 huat4 tsai5。〕〔註95〕

整首四句，都七字，押 ai 韻。

儀式歌中較特別的是，台灣喪葬風俗有凶中求吉的趨向，每個儀式進行中，都會說些吉祥話搭配進行，除了超度亡靈，也祈求亡靈保佑家屬。

（6）〈封釘〉儀式

〔手舉金斧紅桶盤，tsiu3 gia5 kim1-bu2 ang5 thang3 phuan5，

吉時吉日欲進山，kiat4 si5 kait4 jit8 beh4 tsin2 suann1，

庇佑囝孫去做官。pi2 iu2 kiann2-sun1 khi3 tso3 kuan1。

一點釘，it4 tiam2 ting1，

囝孫昌盛如日高昇，kiann2-sun1 tshiong1-sing7，ju5 jit8 ko1 sing1。

二點釘，ji7 tiam2 ting1，

榮華富貴良田萬頃，ing5 hua5 hu3-kui3 liong5 tian5 ban7 khing2，

三點釘，sam1 tiam2 ting1，

考試及格甲連登，kho2- tshi3 kip8-keh4 kah4 lian5 ting1，

雙點釘，siang1 tiam2 ting1，

福祿壽全大進家興，hok4 lok8 siu7 tsuan5 tua7 tsin3 ka1 hing1，

五點子孫釘，goo7 tiam2 tsu2-sun1 ting1，

房房發達光耀門庭，phang5 phang5 huat4 tat8 kong1 iau3 bun5-ting5，

金斧回落端端圓，kim1-bu2 hue5-lo3 tuan1 tuan1 inn5，

〔註94〕魏吉助《台灣諺語智慧》，頁 73。

〔註95〕同前註，頁 74。

榮華富貴百萬年。ing5 hua5 hu3-kui3 pah4 ban7 ni5。〕

儀式歌有長有短，通常配合儀式進行唸唱。封釘儀式較長，所以唸謠也較長。整首十句，前三句和後二句都是七字，中間五句是 3+8 字的型式。押韻方面，前三句押 uan 韻，後二句押 nn（鼻音）韻，中間五句押 ing 韻。歌詞方面，前三句開場，中間五句則配合實際儀式唸唱，後二句作收場，結構完整。內容則祈求子孫能榮華富貴。

喪葬時，屍體入棺後，出山時封釘，也是一種儀式。大抵由親人手持斧頭依次在棺木四角的釘上比一比，邊比邊唸這首儀式唸謠，內容大致都是庇佑後代子孫榮華富貴、金榜題名之類。唸完「封釘」口訣後，才由工人正式將釘子釘入棺木，而完成儀式。〔註96〕

4、唸歌仔

洪惟仁教授指出：「台灣歌謠的基本形式，幾乎千篇一律地是七言絕句體，每句七字，四句一首，故謂之「四句聯」。通常是句句押韻，但有少數情形一、三句不押，或只第三句不押。雖然是七字一句，但有時為了意思的完全可以插入一些虛字，有時也可以插入實詞，謂之「疊字」。四句聯雖然每一首意思完整的歌至少由一「葩」「四句聯」組成，但為了需要可以連續至好幾葩，甚至十幾葩或幾十葩。至於職業的「唸歌仔」或「歌仔戲」甚至一個故事可以連續唱到幾百葩、幾千葩，葩數完全沒有限制。」〔註97〕

昔日農業社會，每當夜晚來臨的時候，廟埕及街頭巷尾的空地就是江湖賣膏藥的藝人的表演場所。其中以彈唱功夫賣藝的【歌仔仙〔註98〕kua1-a2-sian1】，攜帶簡單樂器擺攤唸歌，推銷自己編印的【歌仔簿 kua1-a2-phoo7】；「歌仔簿」是每本薄薄幾頁的小冊子，歌詞內容與一般說唱相仿，包羅萬象，長短兼具。

看歌仔簿，聽歌仔仙唸歌，非但是當時鄉間男女老幼的最好消遣，在教育尚未普及之前，更是鄉下文盲聽歌識字，增加見聞的有效方法。說唱藝人最常用的曲調是「勸世歌」調，寓教於樂地告訴世人，善有善報。〔註99〕下面的〈育囝歌〉即帶有濃厚的勸世、教化意味。有時會跟〈病囝歌〉出現在

〔註96〕胡萬川總編輯《大園鄉閩南語歌謠集》（桃園縣立文化中心，2000 年），頁 16。

〔註97〕洪惟仁〈台北愛悅情歌〉，海峽兩岸民間文學研討會論文，2000 年。

〔註98〕原文作「先」。【仙 sian1】，稱某一種職業、專長或嗜好。董忠司《臺灣閩南語辭典》，頁 1160。

〔註99〕簡上仁《臺灣民謠》，頁 129。

喪葬的功德儀式中。

〈育囝歌〉

〔一歲兩歲手裡抱，tsit8 hue3 lng7 hue3 tsiu2 lin0 pho7，
三歲四歲塗跤趖，sann1 hue3 si3 hue3 thoo5 kha1 so5，
生着查某無啥好，senn1 tioh4 tsa1boo2 bo5 siann2 ho2，
驚伊別日做姑婆〔註100〕。kiann1 i1 pat8 jit8 tso3 koo1 po5。（押 o
韻）
五歲六歲漸漸大，goo7 hue3 lak8 hue3 tsiam7 tsiam7 tua7，
有時頭燒佮耳熱，u7 si5 thau5 sio1 kah4 hinn7 juah8，
就討靈符來互帶，tsiu7 tho2 ling5 ho5 lai5 hoo7 tua3，
看囝育囝真受磨。khuann3 kiann2 io1 kiann2 tsin1 siu7 bua5。（押
ua 韻）
七歲八歲真賢吵，tsit4 hue3 peh4 hue3 tsin1 gau5 tsa2，
一日顧伊兩枝跤，tsit8 jit8 koo3 i1 lng7 ki1 kha1，
若是毋縛著要拍，na7 si7 m7 pak8 toh8 beh4 phah4，
調督〔註101〕則袂做精差。tiau3 tok4 tsiah4 tso3 tsing1 tsa1。（押 a
韻）
九歲十歲教針黹，kau2 hue3 tsap8 hue3 ka3 tsiam1 tsi2，
驚伊四界去經絲。kiann1 i1 si3 kue3 khi3 kinn1 si1。
一日都咧教袂是，tsit8 jit8 to1 le0 ka3 be7 si7，
有喙講甲無喙舌。u7 tsui3 kong2 kah4 bo5 tsui3 tsih8。（押 i 韻）
十一十二着拍罵，tsap8 it4 tsap8 ji7 toh8 phah4 ma7，
只去〔註102〕着那學做衫。tsi2 khi3 toh8 na2 oh8 tso3 sann1。
毋通食飽要做媽，m7 thang1 tsiah8 pa2 tso3 ma2，
手猶毋捌摒菜籃。tsiu2 ia2 m7 bat4 theh8 tsai3 na5。（押 ann 韻）
十三十四學煮茶，tsap8 sann1 tsap8 si3 oh8 tsu2 tsai3，
一塊桌面辦會來，tsit8 te3 toh4 bin7 pan7 e7 lai5。
別日則有好翁婿，pat8 jit8 tsiah4 u7 ho2 ang1 sai3，

〔註100〕【姑婆 koo1 po5】，嫁不出去的老女人。
〔註101〕【調督 tiau3 tok4】，指管教。
〔註102〕【只去 tsi2 khi3】，此去；以後。

毋學到時汝着知。m7 oh8 kau3 si5 li2 toh8 ts<u>ai</u>1。（押 ai 韻）

十五十六要轉大，tsap8 goo7 tsap8 lak8 beh4 tng2 t<u>ua</u>7，

驚會綴〔註103〕儂去風花。kiann1 e7 tue3 lang5 khi3 hong1 h<u>ua</u>1。

別日要捧儂飯碗，pat8 jit8 beh4 phang5 lang5 png7 <u>uann</u>2，

則會孝敬大家官。tsiah4 e7 hau3 king3 ta1 ke1 k<u>uann</u>1。（押 ua 韻）

十七十八做親情，tsap8 tsit4 tsap8 peh4 tso3 tsin1 ts<u>iann</u>5，

一半歡喜一半驚，tsit8 puann3 huann1 hi2 tsit8 puann3 k<u>iann</u>1。

嫁若有緣得儂疼，ke3 na7 u7 ian5 tit4 lang5 th<u>iann</u>3，

父母綴伊好名聲。pe7 bo2 tue3 i1 ho2 mia5 s<u>iann</u>1。（押 iann 韻）

……以下從略。〕〔註104〕

〈育囝歌〉按年歲唸唱。屬於傳統的七字仔唸謠，整首共有十九葩組成，每葩四句共 76 句，每葩（四句）一韻。

　　由以上諸多實例可以看出台語各類歌謠在押韻運用上，非常普遍、自由，充分顯現台語音樂性的特點。其中童謠歌詞的特色在流露童稚天眞無邪的想像力和心聲，加上對詞句韻腳連串的重視，歌詞內容和意義就無法很注重。儀式歌謠注重歌詞內容和意義，因此有部份儀式歌謠在押韻上無法十分講究。

第三節　諧音在信仰習俗中的運用

一、諧音定義

　　什麼是諧〔註105〕音？【諧音 hai5-im1】是兩音一致或相近。〔註106〕即利用語言文字同音，同義的關系，使一句話涉及到兩件事情或兩種內容，一語雙關地表達說者所要表達的意思。換句話說，諧音是運用字詞之間的音相同或相近，即相諧的關系，來表達思想的一種語言現象。〔註107〕

〔註103〕【綴 tue3】，跟隨。

〔註104〕黃勁連《台灣歌詩集》，頁 78。

〔註105〕【諧 hai5】，風趣。董忠司《臺灣閩南語辭典》，頁 361。

〔註106〕如，孩與亥是諧音字。陳修《台灣話大詞典》（台北市：遠流出版公司，1991年），頁 535。

〔註107〕李世之〈試論漢語中的諧音字〉《語言教學與研究》（北京：北京語言學院，1995 年第 2 期），頁 122。

「雙關」〔註108〕，是借助詞語同音或多義的條件，使一個詞語或句子同時兼有字面和字外兩層意思，並以字外意思爲重點。雙關分爲諧音和語義雙關兩種。「諧音雙關」，是利用同音、近音的條件構成雙關。「語義雙關」，是利用詞語的多義性，構成表裡兩層意思。中國學者陳光磊先生指出：

> 「諧音雙關」，是表達上由一個語音形成的所指同時關涉、兼顧著兩種意思而形成的。它的成立是以同一語音能夠關涉眼前事象和心中情意這兩方面爲必要條件。

譬如婚俗新娘上轎（車）後，在起行不遠處，要放下扇子，因【放扇地 pang3-sinn3-te7】與【放性地　pang3-sing3-te7】諧音，即【扇 sinn3、sian3】和【性 sing3、sinn3】諧音，以此表示放棄不好癖性，以求和順。

> 另外，「諧音析字」，只是借同音形式來稱詞表意。僅僅是字音一方面的利用，一字之用，音之相諧，在於表達另一個同音詞所具有的意義，給人以音趣上生動的感受，其魅力往往也許不及諧音雙關那麼深厚。

譬如未娶男子，有【跳菜股、娶好某。thiau3 tshai3 koo2，tshua7 ho2-boo2。】的習俗，【股 koo2】、【某 boo2】諧音。

> 簡言之，諧音雙關用來「指物借意」，諧音析字用來「借音表意」。
> 〔註109〕

而諧音來源詞同音的諧音，包含字音、字形皆相同的「語義雙關」，以及僅字音相同的「字音雙關」。

袁筱青認爲：

> 漢語向來最被強調的特徵，是其具有以聲母、韻母、聲調爲辨義單位的特性，也有些因語音而造成的誤解或諧趣是「有意而爲」的，像婚喪喜慶、生子命名、商家開店、逢年過節所使用的吉祥話、取名字、選字號、避禁忌…………等等，這些與所諧字／詞發音相近、但不盡相同的語言，就叫做「諧音」。〔註110〕

這是從語言應用觀點來談諧音的運用。

〔註108〕唐松波、黃建霖主編，許欽南校閱《漢語修辭格大辭典》（台北市：建宏出版社，1996 年），頁 641。
〔註109〕陳光磊《修辭論稿》（北京：北京語言文化大學出版社，2001 年），頁 101。
〔註110〕袁筱青《現代漢語諧音研究——以華文廣告文案爲例》，國立台灣師範大學華語文教學研究所碩士班碩士論文，1997 年。

黃璨君也指出：

> 諧音現象是一種受話者或說話者有意或無心地忽略字形的束縛，根據讀音而聯想。也就是說，在人們口語傳遞過程中，脫離了語彙（字形）的束縛，只運用語音作語義的聯想，產生另一語意的現象。」
> 〔註 111〕

這是從傳播立場看諧音現象。如下表：諧音的語言傳遞模式 〔註 112〕

圖 6-2

```
┌──────────────────────────────────────────┐
│          語音、語意結合〔共同生活經驗〕      │
│  ┌────┐                           ┌────┐  │
│  │發訊者│ ⇨⇨⇨⇨⇨⇨⇨⇨⇨⇨⇨⇨⇨ │收訊者│  │
│  └────┘                           └────┘  │
│          〔形（忽略文字、文盲社會）〕        │
└──────────────────────────────────────────┘
```

中國學者趙金銘先生取一種廣義見解，認爲：

> 諧音包容了語言運用過程中，借助於音同或音近的語音特點來表達意思，從而造成一種特殊效果的各種語言現象。包括有意識的諧音、無意中的諧音和不准出現的諧音。」

諧音現象普遍存在於各種語言之中，而漢語尤其多。趙先生更指出：

> 一種語言中的諧音成分，跟這種語言的語音結構固然有直接關係，更重要的是它還跟一定的文化傳統和民族心理相聯繫。通過諧音分析，還可以尋覓出詞語的文化淵源，從中窺探語言和文化的密切關係。〔註 113〕

漢語中同音詞較多，由於漢字有字形上的區別，它爲民俗運用提供了條件。同音字雖音同而形、義不同。漢語的諧音正是在這不同語意中取其同音作出另外的表述。所以諧音便應運而生。諧音大大迎合了漢族人喜歡比附聯想的心理特徵，融入人們的日常生活中。

漢字的諧音經過反覆使用之後，形成一種修辭方法爲諧音體。由諧音而

〔註 111〕黃璨君《民間習俗諧音現象之研究——以漢族婚俗年俗爲主》，國立高雄師範大學國文教學碩士班論文，2004 年，頁 27。

〔註 112〕參閱黃璨君《民間習俗諧音現象之研究——以漢族婚俗年俗爲主》，2004 年，頁 8。

〔註 113〕趙金銘，〈諧音與文化〉收入《文化語言學中國潮》（北京：語文出版社，1995年），頁 165。

雙關，達到音在此而意在彼的效果。它是漢字所獨有，不僅在民間歌謠中體現，而且廣泛運用在人們的日常和民俗生活中。

二、諧音現象分析

中國學者李世之先生指出，諧音現象一般由兩部份組成：一部份是被諧的原字原音，這是諧音的基礎，可叫做基礎字；另一部份是相諧後產生的讀音及寫成的字，這是諧音的目的，可叫做目的字。諧音的形成過程，就是由基礎字轉化到目的字。以下就諧音在信仰習俗中的運用，作實例分析。

（一）形　式

李世之先生認爲，如果從兩者關係的角度分析，大致可分爲明諧和隱諧兩種形式。

1、明　諧

由基礎字直接轉化到目的字的諧音現象稱爲明諧。也可稱爲直諧。明諧的目的字和基礎字的語音載體都是字。比如：【基隆 ke1-lang5】-【雞籠 ke1-lang1】。

2、隱　諧

諧音現象只出現基礎字或目的字，有的甚至二者都不出現，而是以物或事表示，讓人從中體味。這種諧音現象稱爲隱諧。也可稱爲婉諧。〔註 114〕比如：昔日台灣人把小孩取名叫【阿九囝 a2-kau2-kiann2】，【九 kau2】和【狗 kau2】音同，就是把小孩當狗來養的意思，用意在逃避厄運。

（二）語　音

從語音上，分析諧音現象可分：同音同字、同音異字、聲母相同或相近、韻母相同或相近，和其他等五種現象。並就它們所表達的功能加以附註說明。

1、同音同字的諧音現象，例如：

新娘【圓 inn5】：團【圓 inn5】（祈望）

【圓 inn5】仔：【圓 uan5】滿（祈望）

甘蔗雙頭【甜 tinn1】：【甜 tinn1】蜜生活（祈望）

2、同音異字的諧音現象，例如：

〔註114〕李世之〈試論漢語中的諧音字〉《語言教學與研究》，頁 122。

【四 si3】:【死 si2】（禁忌）

【蔥 tshong1（文）】:【聰 tshong1】（嬰兒滿月理髮）（祈望）

【蔥 tshang1（白）】:【娼 tshang1】（婚俗）（禁忌）

【鉛 ian5】:【緣 ian5】（祈望）

【王梨 ong5-lai5】（鳳梨）:【旺來 ong7 lai5】（祈望）

【荣頭 tshai3-thau5】:【彩頭 tshai2-thau5】（祈望）

3、聲母相同或相近的諧音現象，例如：

【蚶 ham1】:【胖 hang3、phong3】（祈望）

【放扇地 pang3-sinn3-te7】:【放性地 pang3-sing3-te7】（祈望）

4、韻母相同或相近的諧音現象，例如：

【瓦 hia7】:【邪 sia5、ia5】（去邪）

【荣 tshai3】:【婿 sai2】（祈望）

【股 koo2】:【某 boo2】（祈望）

【籬 li5】:【兒 ji5】（祈望）

【芋 oo7】:【路 loo7】（祈望）

5、其他類的諧音現象，則因漢語與方言，或外來語間的語音、訛讀引起，例如：

【釋迦 sik4-khia1】:【釋迦佛 sik4-khia1-hut8】（禁忌）

新娘衣服【沒邊 bo5-pinn1】:幸福【沒邊 bo5-pinn1】（祈望）

【連招花 lian5-tsiau1-hue1】:【連生貴子 lian5-senn1 kui3-tsu2】（祈望）

在基礎字和目的字的字音相諧過程中，語音關係方面有變與不變兩種情況。唯一在語音上有特別要求，基礎字和目的字在聲母和韻母方面，或相同或相近，否則就構不成諧音。相對來說，對聲調卻沒有什麼要求。

1、聲韻調相同，如：【鉛 ian5】:【緣 ian5】。【蔥 tshong1】:【聰 tshong1】。

2、聲韻母相同，聲調不同，如：【四 si3】:【死 si2】。

3、聲韻調部份有變化，如：新人對座吃【新娘圓 sin1-niu5-inn5】（湯圓），
   象徵夫妻【圓滿 uan5-buan2】。新娘踏破【瓦 hia7】，和【邪 sia5、ia5】
   諧音，瓦碎，意即：諸邪逐去。

（三）語　法

從詞性和結構的變化看諧音字的語法關係，發現在字音相諧轉化中，基

礎字對目的字，基本上沒有什麼約束。

1、詞　性

目的字和基礎字的詞性有的一致，有的不一致。如：【荣頭 tshai3-thau5】：【彩頭 tshai2-thau5】前爲名詞，後爲形容詞。中秋節吃柚子，希望月亮護佑，【柚 iu7】：【佑 iu7】前爲名詞，後爲動詞。所以說，目的字的詞性不受基礎字的限制，只要聲音相諧即可。

2、結　構

具有兩個以上詞素的諧音字，基礎字對目的字的結構關係有的不變，有的發生變化。如：【竹籬 tik4-li5】是名名偏正複合詞；而【得兒 tit4-ji5】是動名偏正複合詞。所以說，在基礎字和目的字之間，結構關係的變與不變並沒有一定的規定。

由於目的字對諧音字在詞性和結構關係上沒有什麼要求，這就爲諧音字的製造提供了極大的方便。只要語音條件相符，便可相諧。這就是諧音字爲什麼使用頻率極高的一個原因。

三、諧音現象說明

〈出生〉

1、舊俗還有在上元夜婦女偷拔別人的【竹籬 tik4-li5】與【得兒 tit4-ji5】諧音，作爲生子的吉兆。

2、以前的台灣農業社會，在替嬰兒的取名時，有些男孩命名爲「阿九子」，台語【九 kau2】音同【狗 kau2】，就是把他當小狗來養的意思；又有【知高 ti1-ko1】音同【豬哥 ti1-ko1】之意，用意在逃避厄運。以爲不如此會被邪魔帶走。

3、希望兒子爲他帶來財富的，便爲兒子取名叫【來富 lai5-hu3】，其他還有【添丁 tiann1-ting1】、【發財 huat4-tsai5】……等等

4、嬰兒滿月時，將頭髮剃光，剃頭毛的水要放【蔥 tshong1（文）】〔註115〕，一則表示孩子將來【聰 tshong1】（蔥的諧音）明，一則希望嬰兒以後的頭髮，長得像蔥一樣的濃密。

〔註115〕【蔥 tshang1】白讀音。【聰 tshang1】也是白讀音。董忠司《臺灣閩南語辭典》，頁 234、296。

5、【做四月日 tso3 si3 gueh8 jit8】的習慣，顯然與數字發音的迷信有關。按照閩南語【四 si3】的發音乍聽起來類同【死 si2】，所以是最不吉祥的數字。就必須借重宗教禮俗來協助其【過關 kue3--kuan1】。

〈婚俗〉

6、訂婚行聘時，男方所備聘禮，須備一隻【連招花 lian5-tsiau1-hue1】花盆和【石榴花 sia7-liu5-hue1】〔註116〕或花盆，諧音取【連生貴子 lian5-senn1 kui3-tsu2】、【多子多福 to1 tsu2 to1 hok4】之意；掛手指（將戒指套在女方手指上）時，戒指需金、銅兩個，【金 kim1】以喻其堅貞，【銅 tang5】以諧【同 tang5】，取意夫妻同心同體。

7、有些地方，聘禮往往有香蕉、狗蹄〔註117〕芋〔註118〕、柑橘、鳳梨等。蓋【蕉 tsio1】、【招 tsio1】諧音，取意連招貴子，【狗蹄芋 kau2-te5-oo7】、【九代有 kau2-tai7-u7】諧音，取意子孫世代〔註119〕富有；【柑橘 kam1-kiat4】、【甘吉 kam1-kiat4】同音，取意婚後生活甘甜吉利；【王梨 ong5-lai5】〔註120〕、【旺來 ong7 lai5】諧音，取意盛旺到來；娘家陪送嫁妝，須有桌櫃，因【櫃 kui7】與【膭 kui7】〔註121〕在閩南話中諧音，取意懷胎吉兆；【櫃仔 kui7-a2】〔註122〕，一定要抬在前面，表示【早生貴子 tsa2 senn1 kui3-tsu2】、【貴子在先 kui3-tsu2 tsai7 sian1】。

8、新娘上轎（車）時，在爐上用【生炭 senn1-thuann3】生火，由新娘跨過，因【生湠 senn1-thuann3】在閩南話中諧音「生殖」，取意新娘早日懷孕生育，且能去除不祥。

〔註116〕【石榴 sia7-liu5】一種落葉灌木，夏初開花，結紅色球形果實，成熟後裂開，裡面種子很多，可以食用。又作「榭榴」。董忠司《臺灣閩南語辭典》，頁1156。

〔註117〕【蹄 te5、te7（文）、tue5（白）】，人或動物的腳；手掌。董忠司《臺灣閩南語辭典》，頁1293。

〔註118〕【芋 oo7、u7、u1】，植物名，其地下莖可食。例：芋仔 oo7-a2。董忠司《臺灣閩南語辭典》，頁966。

〔註119〕【代 tai7（文）、te（白）】，親屬關係，祖、父、子、孫等各算一代。董忠司《臺灣閩南語辭典》，頁1265。

〔註120〕鳳梨，台語叫【王梨 ong5-lai5】，【鳳 hong7】，古時傳說中，一種美麗吉祥的鳥。

〔註121〕【櫃仔 kui7-a2】，喻懷孕。陳修《台灣話大詞典》，頁955。

〔註122〕【膭 kui7】，獸類懷孕或穀物結實；肚子脹大。董忠司《臺灣閩南語辭典》，頁697。陳修《台灣話大詞典》，有孕曰【胿 kui5】。【有胿也 u7-kui5-a7】，有孕了。頁954。

9、新娘上轎（車）後，在起行不遠處，要放下扇子，因【放扇地 pang3-sinn3
-te7】與【放性地 pang3-sing3-te7】諧音，即【扇 sinn3、sian3】和【性
sing3、sinn3】諧音，以此表示放棄不好癖性，以求和順。另外取意，
去舊【姓 sinn3、sing3、senn3】存新（姓）、留【善 sian7】給娘家。
新娘下轎（車）時，由童子奉柑橘兩顆，因【柑橘 kam1-kiat4】、【甘
吉 kam1-kiat4】同音，以此象徵夫妻結合甜蜜吉祥。

10、新娘進門之前，媒人須撒鉛粉，【鉛 ian5】、【緣 ian5】同音。民俗以
為撒佈緣粉，意示有緣來聚，新娘與夫家易於投緣，相處融洽。

11、新娘踏破瓦－瓦破人不破；【瓦 hia7】和【邪 sia5、ia5】諧音，瓦碎，
意即：諸邪逐去。

12、新娘入洞房，新郎用秤桿挑下新娘蓋頭，【秤 tshin3、tshing3】諧音【稱
tshing3】，圖的是新郎新娘【稱心如意 tshing3 sim1 ju5 i3】。

13、新房內，置兩張交椅，上覆一條黑長褲，每人各坐一條褲管，褲下置
銅幣或鈔票，錢是財，【褲 khoo3】與【庫 khoo3】同音，兩人坐財也
坐庫，將來一定有財有庫。

14、新郎新娘雙雙進入洞房後，要對座吃【新娘圓 sin1-niu5-inn5】（湯圓），
象徵夫妻【圓滿 uan5-buan2】，一家【團圓 thuan5- inn5】〔註123〕；食
酒婚桌之時，所念喜句也多有諧音象徵意義：

15、【食雞才會起家。tsiah8 ke1 tsiah4 e7 ho2 ki3 ke1。】，【雞 ke1】、【家 ke1】
同音。

16、【食魷魚，生囝好育飼。tsiah8 iu5-hi5，senn1 kiann2 ho2 io1 tshi7。】，
【魚 hi5】、【飼 tshi7】諧音。

17、【食鹿，全壽福祿；tsiah8 lok8，tsuan5 siu7 hok4 lok8】，【鹿 lok8】、【祿
lok8】諧音。

18、【食豬肚，囝孫大地步。tsiah8 ti1-too7，kiann2-sun1 tua7 te7-poo7。】，
【肚 too7】、【poo7】諧音。

19、【食肉丸，萬事圓。tsiah8 bah4-uan5，ban1 su1 uan5。】

20、【食魚頷腮下，快做老爸。tsiah8 hi5 am7 tshi1 e7，khuann3 tso3 lau7 pe7。】

21、【食魚尾叉，快做乾家。tsiah8 hi5 bue2 tshe1，khuann3 tso3 ta1-ke1。】

22、【食福丸，生囝生孫中狀元。tsiah8 hok8-uan5，senn1 kiann2 senn1 sun1

tiong3 tsiong7 guan5。】

23、【食紅棗，年年好。tsiah8 ang5 tso2，ni5 ni5 ho2。】

24、【食冬瓜，大發花。tsiah8 tang1-kue1，tua7 huat4 hue1。】

25、【食芋，新郎好頭路，新娘快大肚（懷孕）。tsiah8 oo7，sin1-long5 u7 ho2 thau5 loo7，sin1-niu5 khuann3 tua7 too2。】

26、婚後回門，外家款待新郎之後，回新郎家時，要帶回「帶路雞」、米糕（上插「蓮蕉」）、二枝或四枝連根帶尾的甘蔗、還有弓蕉（香蕉）、桃形的紅秫米粿等有象徵性的禮物。

【帶路雞 tshua7-loo7-ke1】是指剛出生二、三個月的雄雞、雌雞各一隻，讓牠們繁殖下一代。【帶路 tshua7-loo7】是帶路的意思，【雞 ke1】與【家 ke1】同音，希望新人常常【（毛ㄒㄒ）轉來外家 tshua7 tng2-lai5 gua7-ke1】。

【蓮蕉 lian5-tsiau1】、【弓蕉 kin1-tsio1】與【招 tsio1、tsiau1】同音。象徵【連招貴子 lian5-tsiau1 kui3-tsu2】，「蓮蕉」，一種花名，多用於賀新婚。【蓮蕉 lian5-tsiau1】和【連招 lian5-tsiau1】、【膦鳥 lan7-tsiau2】（男性生殖器）諧音，意在連續生兒，將多子多孫，多福多壽。

甘蔗雙頭【甜 tinn1】，象徵有始有終，祝福新人，永浴愛河，【甜 tinn1】蜜的度過一生。

【桃 tho5】，是希望新人常常【宵招轉來佚迌 sio1-tsio1 tng2-lai5 tshit4-tho5】。

很多地方還有【送燈 sang3-ting1】的習俗，因閩南語中【燈 ting1】與【丁 ting1】諧音，送燈便有人口【添丁 thiam1-ting1】的祝福之意，這在靠天吃飯的農業社會中，沒有比子孫繁衍、人丁興旺更令人高興的了。

27、喜慶之日如果不巧出了點不吉利的事，往往要有人給圓話，解個嘲，化不吉為吉。如一個爆竹在身邊爆炸，新娘禮服的衣邊燒著了，大家慌忙撲滅火勢，可是衣服還是缺了一塊。新娘及眾人都深感不安。這時一位老人走到新娘面前說：恭喜妳呀，新娘衣服【沒邊 bo5-pinn1】了是個好兆頭，它預示著你們這對夫妻將恩愛美滿，幸福【沒邊 bo5-pinn1】！一句吉利話說得大家齊聲叫好，新娘也就轉憂為喜。〔註

〔註124〕曲彥斌主編《中國民俗語言學》（上海：上海文藝出版社，1996年），頁56。

124〕。

28、台灣婚禮忌在農曆四月到九月間舉行。

台灣人認為：四月是死月，因台語【四 si3】與【死 si2】諧音，凡與「四」牽涉的時間、處所及事物都有避諱。

五月的【五 goo7】與【誤 goo7】諧音，為免被認為這姻緣係一錯誤之舉，乃加以避免。

【九月狗頭重，死某亦死翁。kau2-gueh8 kau2 thau5 tang7，si2 boo2 ia7 si2 ang1。】〔註 125〕。九月秋殺之氣，凶殺感覺特重，民俗視為忌月。九月的【九 kau2】與【狗 kau2】諧音，狗吠較多；九月有霜降節氣，萬物肅殺之始，且【霜 song1】與【喪 song1】諧音〔註 126〕。

29、新娘裝，須以綢布製作，忌用緞布裁縫。【綢 tiu5】音同【稠 tiu5】（意思是多而密），以【綢仔布 tiu5-a2-poo3】（絲布）治裝，期能多子多孫；【緞 tuan7】，【斷 tuan7】音同，不穿緞裝，以免新娘此生斷子斷孫〔註 127〕。

30、忌新婚夫婦吃【蔥 tshong1、tshang1】「和【沖 tshiong1、tshiang1】諧音」，吃【鴨 ah4】「和【押 ah4】諧音」，以免新郎將來坐牢。

31、鬧洞房時忌姑母、小姑在場，因【姑 koo1】與【孤 koo1】（意為單一、無伴）音同〔註 128〕。

〈喪俗〉

32、葬後，先拜土地公，次拜墓，拜完舉行【點主 tiam2-tsu2】儀式，由地理師「謝分金」、「呼龍」、「灑五穀子」，外加硬幣、鐵釘，部份地區有【銑仔 sian1-a0】（銑），【火炭 hue2-thuann3】，這兩種合稱【生湠 senn1- thuann3】台語意同「繁殖」，意謂人丁旺盛。

33、喪宴不用醬油碟，因為【碟 tiap8】與【疊 tiap8】〔註 129〕諧音，恐喪

〔註 125〕 徐福全《福全台諺語典》，頁 55。則用【九月煞頭重，無死某亦死尪 kau2-gue sua thau5 tang bo5 si2 boo2 ia si ang】俗忌婚嫁。

〔註 126〕 蕭達雄《台澎地區禮俗禁忌論說——台語說禁忌》（高雄：復文圖書出版社，2003 年），頁 32。

〔註 127〕 蕭達雄《台澎地區禮俗禁忌論說——台語說禁忌》，頁 36。

〔註 128〕 曲彥斌主編《中國民俗語言學》，頁 103。

〔註 129〕 【疊，白讀 thiap8、thah8、thah4；文讀 tiap8】。董忠司《臺灣閩南語辭典》，頁 1434。

事【重重疊疊 ting5-ting5-thah8-thah8】所以忌諱，雞、鴨、肉等都先澆淋醬油。

34、做旬等喪祭，在牲禮中，不可用【鴨 ah4】，以它音同【押 ah4】，忌諱明王押住亡靈入地獄。

35、不能拜的水果，【弓蕉 kin1-tsio1】與【相招 sio1-tsio1】；【王梨 ong5-lai5】與【旺來 ong5-lai5】諧音，喪事不希望再發生。

〈歲時節俗〉

36、元宵節舊俗，婦女有【鑽燈腳，生膦脬。tsng3-ting1-kha1，senn1-lan7-pha1。】，【燈腳 ting1-kha1】、【膦脬 lan7-pha1】諧音。

37、未婚女子有【偷摳蔥，嫁好翁。thau1 khau1 tshang1，ke3 ho2 ang1。】；【偷摳菜，嫁好婿。thau1 khau1 tshai3，ke3 ho2 sai2。】，【蔥 tshang1】與【翁 ang1】諧音。【菜 tshai3】、【婿 sai2】諧音。

38、未娶男子，有【跳菜股、娶好某 thiau3 tshai3 koo2，tshua7 ho2-boo2】，【股 koo2】、【某 boo2】諧音。

39、澎湖則有【偷砣古，得好某。thau1 loo2-koo2，tit4 ho2-boo2。】，【古 koo2】、【某 boo2】諧音。

40、另有偷拔人家竹籬笆【拔竹籬，生囝兒。puat8 tik4-li5，senn1 kiann2-li5。】的俗信。其中【籬 li5】、【兒 li5】諧音。

41、農曆【二月 ji7-gueh8】初二是【土地公 thoo2-te7-kong1】的生日，這個節日二月初二，簡稱為【二二 li7 li7】，與【利利 li7 li7】同音，是做生意商家的最愛，所以除了農民之外，各地商家也都供奉這位財神。

42、中元普渡忌拜香蕉、李子、梨子、鳳梨等果品，【弓蕉 kin1-tsio1】、【李子 li2-a2】、【梨子 lai5-a2】，台語【蕉 tsio1】與【招 tsio1】；【李 li2】與【你 li2】、【梨 lai5】與【來 lai5】諧音，因為如果用台語念會有【招‧你‧來 tsio1 li2 lai5】的諧音。【王梨 ong5-lai5】（鳳梨）與【旺來 ong7 lai5】諧音，忌諱好兄弟們越招越旺，為免招來不平靜的邪氣，所以不用。

43、中秋節吃柚子，因為【柚 iu7】與【佑 iu7】諧音，也是希望月亮護佑的意思。

44、拜月時也供拜【米粉芋 bi2-hun2-oo7】，俗話說：【食米粉芋，有好頭路。tsiah8 bi2-hun2-oo7，u7 ho2 thau5 loo7。】。取【芋 oo7】、【路 loo7】

的諧音來祈求祖先保佑自己找到好的工作。

45、象徵歲有餘糧的春飯。春飯是在飯上插春字的剪紙或紙花，稱爲【飯春花 png7-tshun1-hue1】、【春仔花 tshun1-a2-hue1】，台語【春 tshun1】與【賰 tshun1】諧音，取「年年有餘」的意思。

46、年夜飯，俗稱【圍爐飯 ui5-loo5-png7】，通常人們都會煮【一大鼎 tsit4 tua7 tiann2】的火鍋，煮得多就是希望有【賰 tshun1】（剩餘）俗話說：【食乎賰，年年賰 tsiah8 hoo7 tshun1，ni5 ni5 tshun1】。

47、所有菜餚也講究好口彩。全雞取【雞 ke1】、【家 ke1】的諧音，寓意【食雞起家 tsiah8 ke1 khi2 ke1】。韭菜取其【韭 ku2】與【久 ku2】的諧音，寓意長久。

48、在年夜飯中：【菜頭 tshai3-thau5】表示好【彩頭 tshai2-thau5】；「全雞」象徵全家福（【雞 ke1】、【家 ke1】諧音）；吃【蚶 ham1】與【胖 hang3、phong3】諧音，取其發福之意；吃【魚丸 hi5-uan5】、【蝦丸 he5-uan5】、【肉丸 bah4-uan5】，乃指【三元及第 sann1 guan5 kip4 te1】之意（即【狀元 tsiong7-guan5】、【會元 hue7-guan5】、【解元 kai2-guan5】）。

49、臺灣人吃【魚團 hi5-tuan5】、【肉圓 bah4-uan5】和【發菜 huat4-tsai3】，象徵【團圓發財 tuan5-uan5 huat4-tsai5】。

50、祭品不用鰻魚和鱔魚，因爲【無尾 bo5-bue2】，諧音【無後 bo5-hio7】，意味沒有後嗣 hoo7-su7；

51、祭品不用【李子 li2-a2】與【釋迦 sik4-khia1】，因與道教【老子 noo2-tsu2】〔註130〕【李耳 li2-ni2】及佛教先尊【釋迦佛 sik4-khia1-hut8】諧音。

四、諧音與押韻比較

在信仰習俗中，諧音現象發生在字或詞，明顯呈現語言崇拜或語言禁忌的情結，也就是說，人們透過諧音現象，反映祈望的心願能夠實現，或從諧音現象，產生禁忌，避免不幸事件發生。由本節運用實例的分析，可知諧音現象充分反映台灣人趨吉避凶的兩極心態。

本篇論文收錄諧音實例共 54 則，

〔註130〕【老子 noo2-tsu2】，李耳。老的文讀音 noo2、loo2、lo2；白讀音 lau2、lau3、lau7。

其中，表達「祈望」的 41 則，佔 75.9%，以婚俗比例最高。

表達「禁忌」的 13 則，佔 24.1%。

其中又以「食物」有關的 23 則佔多數。

諧音現象與「韻」的運用十分密切，從本節的分析中，以同音異字的諧音現象最為普遍，其次是韻母相同或相近的諧音現象，而跟聲調和語法沒有關係。

押韻，主要是語音結構的運用。可以單句、雙句、四句或其他型式為單位，表現在大多數的俗、諺語、唸謠、童謠、歌謠、吉祥話、四句聯裡面。台灣的俗、諺語、唸謠、童謠、歌謠運用押韻情況非常普遍，顯見它已成為一種語言文化。

押韻也適合成為儀式語言，因為運用押韻方式，使聲音表現更為動人，可帶動儀式場面氣氛，讓人留下深刻印象，民間重要儀式，如婚喪喜慶，向為國人所重視，相關人員也都樂於採用，所以很多的儀式歌謠都運用押韻。

綜合比較：台語的押韻和諧音都是語音的運用，與聲調、語法沒有直接關係。

諧音現象是以字詞為單位，由基礎字與目的字兩部份組成，利用音相同或相近，即相諧的關係，來表達思想的一種語言現象。在信仰習俗中，諧音現象普遍，並且明顯呈現語言崇拜或語言禁忌的情結。

押韻是以句或句組為單位，主要利用尾韻相同或相近，造成聲音和諧、音節整齊、輕重相間的語言音樂美。在台語俗諺語、歌謠等運用押韻時非常自由，並能達到易學易記，令人印象深刻、悅耳動聽的效果。在信仰習俗中，押韻運用廣泛，主要用在各種儀式當中，而歌謠幾乎都有押韻。

口語傳播說完即消失，內容太多的話，不容易記住，而且容易造成混淆，這是它最大缺點，這也可能造成台語使用押韻、諧音等特點，來加深人們記憶的主要原因之一。

第四節　台語文本的多元性

早期台灣先民們從華南各個原居地帶來家鄉話，形成台灣語言生活的多元色彩，包括泉州話、漳州話、廈門話、潮州話、客家話……等等。台語多元化是一種「眾聲喧嘩」的文化特色，分別表現在詞彙、俗諺、歌謠……等

方面。形成原因可以分別從語音、語文和文化等不同層面，加以觀察。

在語音層面上，台灣是移民社會，各種族群先後移居台灣，不同口音、生活習俗先後互相影響，產生新的語彙、或語言變體是常見的現象。

在語文層面上，由於台語文字化一直沒有統一標準，遂因每個人用字不同，而造成更多的混亂，因爲閱讀者需要花很大精力來加以解讀，而又可能產生不同的見解。

在文化層面上，中國學者陳建民先生指出：

> 漢族習慣在比較模糊的、廣闊範圍的語言環境中，進行相互理解，
> 因此漢語詞句組合，不靠形合，通常靠意合和神合。即某些詞語和
> 句式一直處在 A、B 兩端的互相轉化之中，存在著大量的中間狀態，
> 模糊域是比較大的。〔註131〕

總之，形成台語多元的原因很多，跟使用者不同族群、地域、時間……都有關。其中，口耳相傳容易造成訛傳可能是主因。其次，因爲沒有統一的文字作爲規範有很大關係，台語一個字音有各種不同版本的字形，容易造成解釋上的困擾。以下分別就詞彙、俗諺、歌謠三部份情形，加以論述。

一、詞彙部份

（一）一詞多音

一詞多音，造成原因有文、白異讀；漳、泉、廈門腔等次方言差異；地域差異；訛讀……等等情形。

譬如，「土地公」有三讀：thoo2-te7-kong1、tho2-ti7-kong1、tho2-li7-kong1〔註132〕。又有加尾音情形，【土地公仔 thoo2-ti7-kong1-a2/ tho2-ti7-kong1-a2】。〔註133〕財神爺。

（二）一物多名

台語詞彙特色之一，是一意多詞，尤其在稱呼用法上。譬如【媽祖 ma2-tsoo2】，一尊神祇可有多項稱呼：【媽祖 ma2-tsoo2】、【媽祖婆 ma2-tsoo2-po5】、【北港媽 pak4-kang2-ma2】、【大媽 tua7-ma2】、【二媽 jit8-ma2】、【天上

〔註131〕陳建民《語言文化社會新探》，頁 120。
〔註132〕董忠司《臺灣閩南語辭典》，頁 1457。
〔註133〕王順隆新編，台灣總督府原著《新編台日大辭典》，頁 1315。

聖母 thian1-siong7-sing3-bo2】、【天后 thian1-hio7】、【天妃娘娘】……等不同字數、尾韻的稱呼。

甚至用【媽祖廟 ma2-tsoo2-bio7】、【媽祖宮 ma2-tsoo2- king1】、【天后宮 thian1-hio7/hoo7 king1】、【關渡宮 kuan1-too7 king1】……等，即代表媽祖。

而在【北港香爐 pak4-kang2 hiunn1-loo5】中，即代表朝天宮的媽祖人人可拜 。

像這樣在口語世界中，人人對語音的敏感，很快就會運用上押韻、對仗，使口語表達多采多姿。而在構句、押韻時，也會有更多選擇，運用靈活。

（三）一音多字

同一件事，用字、讀音不同，甚至解讀不同。

張嘉星《漳州方言童謠選釋》〈紅膣蛛〉：「墓鬼仔圍來揖墓餜」。墓鬼仔是幫助墓主掃墓培土並獲取祭品的人。揖是泛指拿。〔註134〕

→邱冠福《台灣童謠》〈紅田嬰〉：「飼牛囝仔圍來挹墓餜」。〔註135〕

台灣清明掃墓，祭拜後，會分祭品給牧童。不同讀法：【挹墓粿 ip4 bong7-kue2】、【印墓粿 in3 bong7-kue2】、【臆墓粿 ioh4 bong7-kue2】、【揖墓粿 ip4 bong7-kue2】、【億墓粿 ioh4 bong7-kue2】、……。

其中泉腔、漳腔、廈腔讀法互異：【墓 bong7（白）（漳、廈）/boo7（文）（泉）】、【粿 kue2（漳）/ke2（廈）/ker2（泉）】等讀法。

吳瀛濤《臺灣民俗》的說法：【揖墓粿 ip4 bong7-kue2】，指拜墓後，回家祀拜祖先靈牌，然後，一家團食，或以供拜粿類，如發粿、麵粿，分贈親屬。【印墓粿 in3 bong7-kue2】，指掃墓祭後，常有群童前來求乞墓粿，對此一一分發粿類或錢。〔註136〕

董忠司《臺灣閩南語辭典》的說法，【挹墓粿 ip4 bong7-kue2】，指掃墓人家祭拜後，會分祭品給貧苦牧童，請他們不要讓牛踐踏祖墳。訛讀為【臆墓粿 ioh4 bong7-kue2】。〔註137〕

陳修《台灣話大詞典》的說法，【億墓粿 ioh4 bong7-kue2】，清明掃墓，牧童頑童相偕到墓前看熱鬧。祭畢，祭主把餜各分發一兩塊給他們當點心。

〔註134〕張嘉星《漳州方言童謠選釋》，頁243。
〔註135〕邱冠福《台灣童謠》，頁104。
〔註136〕吳瀛濤《臺灣民俗》，頁10。
〔註137〕董忠司《臺灣閩南語辭典》，頁521。

美其名億墓粿，其實非億 ioh4 而是要 iau3 也。（億 ioh4，猜測）〔註138〕

　　洪惟仁《臺灣禮俗語典》的說法與董忠司《臺灣閩南語辭典》大同小異，但讀音不同【挹墓粿 ioh4 bong7-kue2】。不過在其「字解」中：【挹 ioh4】取也。廣韻：「挹也。伊入切。」白音又讀 ip 如【挹墓粿 ip4 boo-ke2】，文 ip/白 ioh 的例子很少。類似的有【臆 ioh4】，文讀 ik4，臆測。〔註139〕

　　從洪惟仁先生的解說，我們大致可瞭解到整個情形的輪廓。

　　又查王順隆《新編台日大辭典》【挹墓粿 ioh4 bou7 ke2/ip4 bou7 ke2】兩讀。

（四）一詞多音多字，加上地區差異

　　同一事物，不同讀音、不同用字、同時地區差異顯著。

　　老鷹：鴟鴞、覓鴞、獵鴞、利鴞、（厲鳥）鷂、獵鳶、睞鴞、鴞婆、老鴞婆……等。

1、董忠司《臺灣閩南語辭典》

　　覓鴞或做「鴟鴞」，老鷹，讀音：lai7-hioh8、la7-hioh8 或做 ba7-hioh8。各地特殊讀音：bua7- hioh8（湖西）、mua7-hioh8（馬公）、na7-hioh8-a2（小琉球）、澎湖地區也叫 ing1-a2。

　　【覓 ba7】，尋找、尋覓。【鴞 hioh8 或 ba7】，老鷹。【鴟 lai7 或 la7，tshi1（文）】，老鷹。〔註140〕

2、李順涼、洪宏元編著，2004 年，《華台英詞彙句式對照集》〔註141〕

表 7-1　詞目：老鷹 hawk（全省 10 個主要方言點）

艋舺	覓鴞 ba7-hioh8	台南	鴟鴞 la7- hioh8
新竹	鴟鴞 lai7-hioh8	高雄	鴟鴞 nai7- hioh8
梧棲	覓鴞 ba7-hioh8	宜蘭	鴟鴞 lai7-hioh8
馬公	鷹 ing1	台東	鷹仔 ing1-a2
鹿港	覓鴞 ba7-hioh8	台中	鴟鴞 la7- hioh8

〔註138〕陳修《台灣話大詞典》，頁 748。

〔註139〕洪惟仁《臺灣禮俗語典》，頁 320。

〔註140〕董忠司《臺灣閩南語辭典》，頁 34、頁 401、頁 787。

〔註141〕李順涼、洪宏元編著《華台英詞彙句式對照集》（台北：五南圖書出版公司，2004 年），頁 46。

3、王順隆《新編台日大辭典》〔註 142〕

ba7-hioh8 鵁鵃，動物。鵁鵃披身。鵁鵃鵁魚。

buah8- hioh8 鵁鵃，鳶。

lai7-hioh8 鵁鵃，（漳）動物，→ba7-hioh8。

la7-hioh8 鵁鵃，（泉）動物，→ba7-hioh8。

ba5 鵁，→鵁 ba7。

【鵁 ba7】，抓，如鵁頭鬃 ba7 thau5 tsang1；捕，如鵁鵃鵁雞仔 ba7- hioh8 ba7 kue1 a2。又音 buah8。

ba5 ba5 鵁鵁，→鵁 ba5。ba7 ba7 鵁鵁，→鵁 ba7。

ba5 la5 鵁鵃，動物→鵁鵃 ba5ba5。ba7 la7 鵁鵃，動物→鵁鵃 ba7 ba7。

鵃字，未見單獨出現。

ba7 覓，尋找、尋覓。覓頭路 ba7 thau5 lou7。

4、甘為霖，1913 年，1978 年（12 版），《廈門音新字典》〔註 143〕

ba7（鵃 hiau1）ba7- hioh8，chiu7-si7（就是）oe7（話）boah8 koe（雞）e5（的）chiau2-mia5（鳥名）。

boah8，boah8- hioh8，chiu7-si7（就是）ba7-nioh8 e5 i3-su3（意思）。

hiau1 鵃 chiau2 e5 mia5；ba7- hioh8。

hioh8（鵃 hiau1）ba7- hioh8，boah8- hioh8；lai7-hioh8 chhi3，m7-koainn koe-bu2（毋管雞母），phah（打）lai7-hioh8。

chhi1 鵁 chit-ho7 ok-chiau2 e5 mia5，chhin7-chhiunn7 koo-ng2，hoo2-ku7。

5、楊青矗，1992 年，《國台雙語辭典》〔註 144〕

鵁鵃 ci1-hiau1，國語ㄔㄒㄧㄠ，俗稱老鷹，台灣稱「利鵃」或是「覓鵃」，喙、爪、眼都相當銳利，常盤旋於農村高空，俯衝用爪夾捕小雞飛去林中撕食。

6、陳修，1991 年，《台灣話大詞典》〔註 145〕，

（乘鳥）la7，（乘鳥）鵃 la7-hioh8 亦曰 lai7-hioh8。惡鳥也。（乘鳥）新造字。

〔註 142〕王順隆《新編台日大辭典》，頁 28、頁 808、頁 811。

〔註 143〕甘爲霖《廈門音新字典》（台南：台灣教會公報社，1913 年，1978 年（12 版）），頁 10、頁 28、頁 187。

〔註 144〕楊青矗《國台雙語辭典》（台北市：敦理出版社，1992 年），頁 1103。

〔註 145〕陳修《台灣話大詞典》，頁 1045。

7、王力主編，2000，2005 年，《王力古漢語字典》〔註 146〕

鴟鴞，鳥名。(1) 即鸋鴂。爾雅釋鳥：「鴟鴞，鸋鴂。」《詩·豳風·鴟鴞》：「鴟鴞鴟鴞，既取我子，無毀我室。」毛傳：「鴟鴞，鸋鴂也。」孔穎達疏引陸璣疏云：「鴟鴞，似黃雀而小，其喙尖如錐，取茅莠爲巢。」(2) 貪惡之鳥。楚辭漢劉向九歎憂苦：「葛藟虆於桂樹兮，鴟鴞集於木蘭。」王逸注：「鴟鴞，貪鳥也。」

鴟，鵂鷹。貓頭鷹的一種。鴟鴞，鳥名。傳說中怪鳥名。一種酒器。

鴞，鳥名。即鵬鳥。鴟鴞。

8、陳正統主編，2007 年，《閩南話漳腔辭典》〔註 147〕

睞鴞 lai7-hioh8，「覓鴞」、「鴞婆」、「老鴞婆」，老鷹。

9、周長楫主編，2006 年，《閩南方言大詞典》

覓鴞，老鷹。(廈)ba7/ lai7-hioh8　(漳)lai7-hioh8　(泉)叫老鴞 la7-hioh8。《廣韻·鋒韻》五各切：「鴞，鳥名」。

10、北京大學中國語言文學系語言教研室編《漢語方言詞匯》〔註 148〕

表 7-2　詞目：老鷹 lau-ing（中國大陸 20 個方言點）

北京	①老鷹 lau-ing②鷂鷹 iau-ing	南昌	①鷂鷹 ieu-in　②磨鷹 mo-in
濟南	①老鵰 lɔ-tiɔ②老鷹 lɔ-ing	雙峰	①崖鷹 nga-iɛn　②鷂子 iɤ-tsⅼ
西安	①老鷹 lau-ing②餓老鴞 ngɤ-lau-tsⅼ	長沙	①鷹婆 in-po　②崖鷹 ngai-in③鷂子 iau-tsⅼ
太原	①彪鷂 piau-iau②老鵰 lau-tiau	梅縣	鷂婆 iau-phɔ
武漢	①老鷹 nau-in②鷂子 iau-ts	廣州	麻鷹 ma-jing
成都	老鷹儿 nau-inr	陽江	崖鷹 ngai-ing
合肥	老鷹 lɔ-in	廈門	覓鴞（本字爲鷂）ba7-hioh8
揚州	①老鷹 lɔ-ing②癩鷹 lɛ-ing	潮州	老鷹婆 liəu-eng-po
蘇州	老鷹 læ-in	福州	老鴞 lau-yɔ？
溫州	刀鷹 tɜ-iang	建甌	「偷雞」鷂「the-kai」iau

〔註 146〕王力主編《王力古漢語字典》（北京：中華書局，2000，2005 年）頁 1734、頁 1735。

〔註 147〕陳正統主編《閩南話漳腔辭典》（北京：中華書局，2007 年），頁 376。

〔註 148〕北京大學中國語言文學系語言教研室編《漢語方言詞匯》，1995 年，2005 年，頁 60。

另外，徐福全《福全台諺語典》，則用【（厲鳥）鵤 lai7-hioh8】，老鷹。
〔註149〕

由以上不同說法，我們大致可以歸納「老鷹」一詞的閩南語音發展情形：在閩南地區：

（泉）la7-hioh8；（漳）lai7-hioh8；（廈）ba7/（lai7）-hioh8。《閩南方言大詞典》

在台灣地區：由南到北，受族群、地緣、外來語等影響，形成不同的語音變體。

台南、台中	（泉）la7-hioh8	《台灣話大詞典》《閩南方言大詞典》
新竹、宜蘭	（漳）lai7-hioh8	《閩南話漳腔辭典》《福全台諺語典》
艋舺、梧棲、鹿港	（廈）ba7-hioh8	《廈門音新字典》
湖西	bua7- hioh8	《臺灣閩南語辭典》
	buah8- hioh8	《新編台日大辭典》
馬公	mua7-hioh8	《臺灣閩南語辭典》
小琉球	na7-hioh8-a2	《臺灣閩南語辭典》
高雄	nai7-hioh8	《華台英詞彙句式對照集》
台東、澎湖	ing1-a2、ing1	《臺灣閩南語辭典》

由此觀察台語語音多元的形成因素：有語言內在的演變因素；la7-hioh8；lai7-hioh8； ba7/-hioh8；bua7- hioh8；mua7-hioh8；na7-hioh8；nai7-hioh8。聲調保持不變，詞尾-hioh8 不變，而詞頭的韻母稍為變化（a--ai），詞頭的聲母變化最大：l；b；bu；mu；n。似乎有一定的規律，有待探討。

語言外在的影響因素，鹿港本屬泉州腔佔多數的族群，但與艋舺、梧棲一樣，因昔日港口地位，而和廈門交往頻繁，可能因此受影響。

台東 ing1-a2 則顯然更現代，受華語影響。至於澎湖則有待進一步探討。所以台語的多元現象也反映了台灣的多元文化情況。

二、諺語部份

（一）誤 解

【有父有母初二三，u7 pe7 u7 bo2 tshe1 ji7 sann1，

〔註149〕徐福全《福全台諺語典》，頁 640。

無父無母頭擔擔 bo5 pe7 bo5 bo2 thau5 tann1-tann1】

「有父有母初二三，無父無母湊擔擔」。所謂的「湊擔擔」就是幫回家作客的人家抬擔子〔註150〕。這種用法應是誤解造成。

【觀音請羅漢 kuan1-im1 tshiann2 lo5-han3】，主人少而客人多。

　　〔註151〕情況正常。

【羅漢請觀音 lo5-han3 tshiann2 kuan1-im1】，主人多而賓客少。

　　〔註152〕情況反常，成為俗諺。

（二）意　同

不同俗諺用字，但意思相同。

【生贏，雞酒香；senn1 iann5，ke1-tsiu2-phang1；

　　生輸，四片板。senn1-su1，si3 phinn3 pang1。】

【生過，麻油香；senn1 kue3，mua5-iu5-phang1；

　　未過，四塊板。bue7-kue3，si3 te3 pang1。】〔註153〕

（三）意同變化多

俗諺意思相同，用字變化更多。

【人是裝的，佛是扛的。lang5 si7 tsng1 e0，hut8 si7 kng1 e0。】人重粧飾，佛重抬扛。

【人著裝，尪〔註154〕著扛。lang5 tioh4 tsng1，ang1 tioh4 kng1。】

　　〔註155〕人重粧飾，神佛重抬扛。

【人著粧，佛著扛。lang5 tioh4 tsng1，hut8 tioh4 kng1。】人美靠妝扮，佛靈靠信徒宣傳。

【人重妝，佛重扛。lang5 tiong7 tsng1，hut8 tiong7 kng1。】人要妝扮才美，佛要靠迎神賽會扛扛抬抬才靈。〔註156〕

【人是粧，佛是扛。lang5 si7 tsng1，hut8 si7 kng1。】人重粧飾，佛重

〔註150〕邱德宏撰文、王灝繪圖《臺灣年俗》（台北：聯經出版公司，1999年），頁94。

〔註151〕徐福全《福全台諺語典》，頁535。

〔註152〕王順隆新編，台灣總督府原著《新編台日大辭典》，頁866。吳瀛濤《臺灣諺語》，頁237。

〔註153〕鄭正忠編著《諺語故事》（作者自行出版，2005年），頁58。

〔註154〕【尪 ang1】，神佛、神佛的像。董忠司《臺灣閩南語辭典》，頁20。

〔註155〕平澤平七《臺灣俚諺集覽》（台北：臺灣總督府，1914年），頁191。

〔註156〕徐福全《福全台諺語典》，頁72。

抬扛。人靠粧才美，佛靠抬才靈。〔註157〕

（四）俗諺演變

俗諺在不同的時間、不同的地區，進行不同演變。由未押韻、未對仗，逐漸成為押韻、對仗的精簡句子。以喪俗中的警語為例。

1914 年《臺灣俚諺集覽》：（未押韻、未對仗）

　　【在生食一粒鴨母卵，tsai3 senn1 tsit8 liap8 ah4 bu2 nng1，

　　較好死了孝一個大豬頭。khah4 ho2 si2 liau2 hau3 tsit8 e5 tua7 ti7-thau5。】

2002 年《台灣人智慧俗語》：（押韻、對仗）

　　【在生食一粒土豆，tsai3 senn1 tsiah8 tsit8 liap8 thoo5-tau7，

　　卡贏死了孝豬頭。khah4 iann5 si2 liau2 hau3 ti7-thau5。（押 au 音）】

台灣最早的諺語書籍，在 1914 年由臺灣總督府出版的《臺灣俚諺集覽》（日文），收錄的原文只有：「在生食一粒鴨母卵，較好死了孝一個大豬頭」。孝是祭拜的意思。〔註158〕

1975 年，吳瀛濤編著的《臺灣諺語》記載的是：「在生食一粒土豆，較贏死了拜一個豬頭——如有孝心，生前供孝要緊，死了才供拜，已沒有用。死後的虛名不如生前的實惠」。或謂「在生食一粒鴨母卵，較好死了孝一個大豬頭」〔註159〕。

1992 年，周長楫、林鵬祥、魏南安編著，《臺灣閩南諺語》：「在生有孝一粒涂豆，恰（較）贏死了拜一個豬頭」與「祭之豐，不如養之薄」義同。〔註160〕

1998 年，徐福全編著，《福全台諺語典》。「在生一粒豆，較贏死了拜豬頭」、「在生食一粒豆，較贏死了孝豬頭」、「在生一粒豆，較贏死了拜一個豬頭」、「在生食一粒鴨母卵，較好死了孝一個大豬頭」。台灣習俗，父母之喪大歛及出殯都須奠以豬頭。〔註161〕

2000 年，陳憲國、邱文錫編著，《實用台灣諺語典》（陳憲國、邱文錫：2000）。「在生食一粒土豆，卡好死了拜一个大豬頭」、「在生食一粒鴨母卵，

〔註157〕吳瀛濤《臺灣諺語》，頁 18。
〔註158〕平澤平七《臺灣俚諺集覽》，頁 472。
〔註159〕吳瀛濤編著《臺灣諺語》，頁 93。
〔註160〕周長楫、林鵬祥、魏南安編著《臺灣閩南諺語》，頁 83。
〔註161〕徐福全《福全台諺語典》，頁 174。

卡好死了孝一個大豬頭」。土豆即花生，豬頭是祭死人的牲禮，跟土豆比起來，豬頭是非常值錢、豐盛的祭品。祭之豐不如養之薄。〔註162〕

2002年，溫惠雄編著，《台灣人智慧俗語》：「在生食一粒土豆，卡贏死了孝豬頭」，「孝豬頭」是父母死後，才用「豬頭」佮祭拜，那父母已經食未著，是無意義的行動。佮實際，不如父母在生時，送予伊一粒土豆卡有孝順的意思。「一粒土豆」佮「一個豬頭」對比，代表最細小的食物，佮最微薄的奉養，比死後用真豐盛的祭拜卡有意義。也是教導人行孝要及時。〔註163〕

從上述眾多例子中，可以瞭解到台語俗諺多元的特色，它是逐漸的演變，經過很多人的參與，只要有意義的俗諺語，就不斷在改變，由未押韻未對仗，逐漸趨向押韻對仗，簡單易記，而成為台語語言文化的一部份。這似乎呼應了王順隆先生由「歌仔冊」的發展，驗證押韻是逐漸形成的規律。

三、歌謠部份

歌謠是昔日農業社會居民的主要娛樂，很多人都能朗朗上口，唱上幾首民謠。傳唱之間難免產生變體，即曲調大致相同，但歌詞內容差異有大有小，有點也顯現地方特色。馮輝岳先生在〈台灣童謠的變形〉一文中指出：

> 事實上，一首童謠的創作，是在不斷的變形中完成的，即使它已成形，句式、聲韻、情趣……都獲得大家的認可，它仍然會變，兒童愈是喜愛的童謠，它的變形也愈厲害。變形使童謠的生命更長遠而多采。〔註164〕

總之，訴諸語言的東西，由於眾人的修飾與潤色，增一詞或減一句，乃是司空見慣的事。童謠如此，其他歌謠的情形更是如此，以下分別述說。

〈新娘〉

〔新娘！新娘！不通哭，sin1-niu5，sin1-niu5，m7-thang1 khau3，
來阮兜食下晝，lai5 guan2-tau1 tsiah8 e7-tau3，
暗班車連鞭到，am3-pan1-tshia1 liam5-mi1 kau3。〕〔註165〕（押

〔註162〕陳憲國、邱文錫編著《實用台灣諺語典》，頁219。
〔註163〕溫惠雄編著《台灣人智慧俗語》（台北市：宏欣文化事業公司，2002年）頁156。
〔註164〕馮輝岳《台灣童謠大家唸》，頁23。
〔註165〕《從笨港到北港》，國民小學教師自編鄉土教材系列雲林縣政府編印
http://cuy.ylc.edu.tw/～cuy14/eBook/ch10.htm

au 韻）

〔新娘仔，新娘仔，不通哭，sin1-niu5-a2，sin1-niu5-a2，m7-thang1 khau3，

來阮兜食中晝，lai5 guan2-tau1 tsiah8 tiong1-tau3，

暗班車連鞭到，am3-pan1-tshia1 liam5-mi1 kau3，

一目呢仔到你兜。tsit8 bok8 ni1 a0 kau3 lin2 tau1。〕〔註166〕（押 au 韻）

〈關三姑〉

〔三歲姑，四歲姐，阮厝亦有檳榔心，sann1-hue3- koo1，si3-hue3-tsi2，guan2-tsu3 ia7 u7 pin1-nng5 sim1，

亦有老葉籐，好食分您用。ia7 u7 lau2 hioh8 tin5，ho2 tsiah8 pun1 li2 ing7。

分阮三姑較是親，親落親，親豆籐，pun1 guan2 sann1-koo1 kah4 si3 tshin1，tshin1 loh8 tshin1，tshin1 tau7-tin5，

豆籐白波波，一條小路透奈河。tau7-tin5 peh8 pho1 pho1，tsit8 tiau5 sio2-loo7 thau3 nai7-ho5。

行到奈河橋，腳也搖，手也搖……。kiann5 kau3 nai7-ho5-kio5，kha1 ia7 io5，tshiu2 ia7 io5……。〕〔註167〕

〈三歲姑〉

〔三歲姑，四歲姐，sann1-hue3- koo1，si3-hue3-tsi2，

食檳榔，烏喙齒，tsiah8 pin1-nng5，oo1 tshui3-khi2，（押 i 韻）

姑仔定〔註168〕，姑仔聖〔註169〕，koo1-a2 tiann7，koo1-a2 siann3，

姑仔顯興〔註170〕有名聲，koo1-a2 hian2-hing3 u7 mia5-siann1，（押 iann 韻）

大路平鋪鋪，tua7-loo7 pinn5 phoo1-phoo1

小路通奈河，sio2-loo7 thong1 nai7-ho5，（押寬韻）

〔註166〕康原撰文、施福珍詞曲、王灝繪圖《台灣囝仔歌的故事》，頁 70。
〔註167〕原文用「觀三姑」，董芳苑《認識臺灣民間信仰》，頁 247。
〔註168〕【定 tiann7】，付信物以決事。
〔註169〕【聖 siann3】，靈驗。
〔註170〕【顯興 hian2-hing3】，顯靈。

行到奈河庄，kiann5 kau3 nai7-ho5-tsng1

跤酸手亦酸，kha1 sng1，tshiu2 ia7 sng1（押 ng 韻）

行到六角橋，kiann5 kau3 lak8 kak4 kio5

跤搖手亦搖，kha1 io5，tshiu2 ia7 io5。（押 io 韻）〕〔註 171〕

〈病囝歌〉

又名〈十月懷胎歌〉至少有四種類型的版本流傳：一是本論文第三章所記載富有教育意義的七字仔歌，每四句換韻，相當嚴謹。

二是通常被用在佛教或道教的喪葬儀式中，也有多種版本。黃勁連《台灣歌詩集》稱為〈十個月懷胎歌〉，後面還接有〈育囝歌〉，末段是「十五十六中進士」，每句大致七字，但有多處超過七字。〔註 172〕

片岡巖《台灣風俗誌》稱為〈僧侶歌〉通常是請和尚來唸，故名，用意是使子孫瞭解父母生兒育女的艱苦過程，後面還接有〈育囝歌〉，末段是「十七十八娶新婦」，由於加了襯字和「南無阿彌陀佛」，每句歌詞字數不齊。〔註 173〕

下面引用的是謝聰輝老師提供的日本人寫的《臺灣の道教儀禮》第五章〈功德の儀禮〉一小段，每句七字，與前兩者內容相似，都受語意限制未押韻。同時後面還接有〈育囝歌〉，無非強調要有孝心和孝行。另有一首「十月懷胎歌」，除了首句「正月懷胎一點紅」外，其餘大同小異，是道士在「目蓮擔經」儀式中所唸誦的歌謠，目的在提醒人們感念母親生育之恩。〔註 174〕

〔十月懷胎出娘身，tsap8 gueh8 huai5-thai1 tsut4 niu5 sin1，

正月懷胎如露水，tsiann1-gueh8 huai5-thai1 ju5 loo7 tsui2，

二月懷胎心茫茫〔註 175〕，ji7-gueh8 huai5-thai1 sim1 bang5 bang5，

三月懷胎成人影，sann1-gueh8 huai5-thai1 sing5 lang5 iann2，

四月懷胎結成人，si3-gueh8 huai5-thai1 kiat4 sing5 lang5，

五月懷胎分男女，goo7-gueh8 huai5-thai1 hun1 lam5 li2，

〔註 171〕胡萬川總編輯《沙鹿鎮閩南語歌謠集》（二），頁 108。

〔註 172〕黃勁連《台灣歌詩集》，頁 29。

〔註 173〕片岡巖著，陳金田、馮作民譯《台灣風俗誌》（台北：大立出版社，1921 年，1981 年），頁 49、50。

〔註 174〕邱坤良等《宜蘭縣口傳文學》（宜蘭：宜蘭縣政府，2002 年），頁 557。

〔註 175〕【茫茫 bang5 bang5】，神智不清，沒有判斷力。董忠司總編纂《臺灣閩南語辭典》，頁 46。

六月懷胎六根〔註 176〕全，lak8-gueh8 huai5-thai1 liok8 kin1/kun1
tsuan5，

七月懷胎分七孔〔註 177〕，tsit4-gueh8 huai5-thai1 hun1 tsit4 khang1，

八月懷胎大如山，peh4-gueh8 huai5-thai1 tua7 ju5 sann1，

九月懷胎肚〔註 178〕中轉，kau2-gueh8 huai5-thai1 too7 tiong1 tng2，

十月懷胎出娘身，tsap8 gueh8 huai5-thai1 tsut4 niu5 sin1，

但看懷胎十月滿。tan3 kuann3 huai5-thai1 tsap8 gueh8 buan2。

……以下從略。〕

三是主題表現夫妻之間濃厚的愛情關懷，按月份唸唱，每月有四句，第一句
表示歲時，第二句吐露病囝的苦狀，第三句都是「哥來問娘愛食麼」，第四句
是孕婦愛吃的食物。

〔正月算來桃花開，tsiann1-gueh8 sng3 lai5 tho5 hue1 khai1，

娘仔病囝無人知，niu5 a2 penn7-kiann2 bo5 lang5 tsai1，

哥來問娘愛食麼〔註 179〕，ko1 lai5 bng7 niu5 ai7 tsiah8 mih8，

愛食山東香水梨。ai7 tsiah8 suann1 tang1 phang1 tsui2 lai5。（押 ai
韻）

二月算來田草青，ji7-gueh8 sng3 lai5 tsan5 tsau2 tsinn1，

娘仔病囝面青青，niu5 a2 penn7-kiann2 bin7 tsinn1 tsinn1，

哥來問娘愛食麼，ko1 lai5 bng7 niu5 ai7 tsiah8 mih8，

愛食枝尾桃仔青。ai7 tsiah8 ki1 bue2 tho5 a2 tsinn1。（押 ai 韻）

三月算來人播田，sann1-gueh8 sng3 lai5 lang5 po3 tsan5，

娘仔病囝心艱難，niu5 a2 penn7-kiann2 sim1 kan1 lan5，

哥來問娘愛食麼，ko1 lai5 bng7 niu5 ai7 tsiah8 mih8，

愛食紅肉的李鹹。ai7 tsiah8 ang5 bah4 e7 li2 kiam5，

四月算來日頭長，si3-gueh8 sng3 lai5 jit8 thau5 tng5，

娘仔病囝面黃黃，niu5 a2 penn7-kiann2 bin7 ng5 ng5。

哥來問娘愛食麼，ko1 lai5 bng7 niu5 ai7 tsiah8 mih8，

〔註 176〕「六根」：眼、耳、鼻、舌、心、意。

〔註 177〕「七孔」：眼睛、耳朵、鼻子和嘴巴，合起來共有七個孔。

〔註 178〕「肚」有 too2（白）、too7（文），此處似乎應用 too7（文）。

〔註 179〕「麼」，董忠司總編纂《臺灣閩南語辭典》用【物 mih8】，頁 913。

　　　　愛食唐山烏樹梅。ai7 tsiah8 tng5 suann1 oo1 tsiu1 m5。

　　　　……以下從略。〕〔註180〕（每四句換韻，每則中的第三句不韻）

四是以孕婦為主述者，說出自己的身心變化，對外界的反映，和對食物的喜好，頗令人同情與關懷。黃勁連《台灣歌詩集》，收集的版本長達 16 頁，共 224 句，每四句換韻，可說是傳統七字仔的唸歌。

　　吳瀛濤《臺灣諺語》版本則有四十句，每月四句為一個單元換韻，每句七個字。

　　　　〔正月病囝在心內，tsiann1-gueh8 penn7-kiann2 tsai7 sim1 lai7，
　　　　若要講出驚人知，na7 beh4 kong2 tsut4 kiann1 lang5 tsai1，
　　　　看着物件逐項愛，khuann3 tioh8 mih8 kiann7 tak8 hang7 ai3，
　　　　偷偷叫哥買入來。tau1 tau1 kio3 ko1 be2 jip8 lai5。（押 ai 韻）
　　　　二月病囝人愛睏，ji7-gueh8 penn7-kiann2 lang5 ai3 khun3，
　　　　三頓粥飯無愛吞，sann1 tng3 be5 png7 bo5 ai3 thun1，
　　　　想食白糖泡藕粉，siunn7 tsiah8 peh8 thng5 phau3 ngau7 hun2，
　　　　叫兄去買一角銀。kio3 hiann1 khi3 ne2 tsit8 kak4 gun5，（押 un 韻）
　　　　三月病囝人嘴冷〔註181〕，sann1-gueh8 penn7-kiann2 lang5 tsui3 ling2，
　　　　腳手酸軟烏暗眩，kha1 tsiu2 sng1 lng2 oo1 am3 hin5，
　　　　酸澀買到厝內面，sng1 siap4 be2 kah4 tshu3 lai7 bin7，
　　　　愛食樹梅鹹七珍。ai3 tsiah8 tsiu1 m5 kiam5 tsit4 tin1。（押 in 韻）
　　　　……以下從略。〕〔註182〕

〈水手爺〉

　　在台灣民間信仰中，位階不高的神祇管領偏門，【豬哥精 ti1 ko1 tsiann1】是其中之一，為風化業者所信仰，祂的存在意義在使蒞臨的客人涉足酒色時，只管花錢，不管他人責備。

　　1921 年，片岡嚴《台灣風俗誌》第五章有「藝姐娼妓的祈禱」一段，藝姐、娼妓等恩客不來時，向水手爺祈禱唸詞三遍，恩客會隨時光臨。

　　　　〔水手爺 sui2（文）/tsui2（白）siu2（文）/tshiu2（白）ia5，

〔註180〕吳瀛濤《臺灣諺語》，頁397。
〔註181〕「嘴冷」，沒有食慾。
〔註182〕吳瀛濤《臺灣諺語》，頁398。

腳翅翅，面皺皺，kha1 khiau1 khiau1，bin7 liau5 liau5

保庇大豬來進廟，po2-pi3 tua7-ti7 lai5 tsin3 bio7，

暗路也敢行，am3 loo7 ia7 kam2 kiann5，

父母罵也不驚，pe7-bo2 ma7 ia7 m7 kiann1，

妻子罵參伊打拼（拼命），boo2-kiann2 ma7 tsham1 i1 phah4 piann3，

狗吠不驚，kau2 pui7 m7 kiann1，

心悾悾，sim1 khong1 khong1，

神茫茫，sin5 bong5 bong5，

入門腰肚據（任）阮（我）摸。jip8 mng5 io1 too2 ku3 guan2 bong1，
（押 ong 韻）〕〔註183〕（全篇 52 字）

1933 年，連雅堂《臺灣語典》：臺南勾闌之中，祀一紙偶，曰「水手爺」；即南鯤鯓王之水手也。龜子、鴇兒每夕必焚香而祝曰：

〔水手爺，sui2（文）/tsui2（白）siu2（文）/tshiu2（白）ia5，

腳蹺蹺，面繚繚，kha1 khiau1 khiau1，bin7 liau5 liau5

保庇大豬來進椆，po2-pi3 tua7-ti7 lai5 tsin3 tiau5，（押 iau 韻）

來空空，去喝喝，lai5 khong1 khong1，khi3 gong7 gong7，（押 ong 韻）

腰肚據阮摸，io1 too2 ku3 gun2/guan2 bong1/moo1，（押 oo 韻）

暗路著敢行，am3 loo7 tioh4 kam2 kiann5，

朋友勸毋聽，ping5-iu2 khng3/khuan3 m7 thiann1，

父母罵毋驚，pe7-bo2 ma7 m7 kiann1，

某囝共講食膨餅〔註184〕。boo2-kiann2 ka7 kong2 tsiah8 phong3 piann2（押 iann 韻）〕〔註185〕（全篇 48 字）

1975 年，董芳苑《台灣民間宗教信仰》：昔日台灣府城（今台南市）娼妓舘的鴇母、娼妓供奉豬八戒為守護神，尊稱為「狩狩爺」，有一首咒語流傳在這個行業。〔註186〕

〔註183〕片岡嚴著，陳金田、馮作民譯《台灣風俗誌》，頁 115。

〔註184〕【食膨餅 tsiah8 phong3 piann2】，碰釘子。原文用「食撲駢」。《臺灣閩南語辭典》，頁 1011。

〔註185〕連雅堂原作，姚榮松導讀，《臺灣語典》，頁 195。

〔註186〕董芳苑《台灣民間宗教信仰》，頁 161。

〔狩狩爺，狩狩爺，siu3 siu3 <u>ia5</u>，siu3 siu3 <u>ia5</u>，

腳蹺蹺，面繚繚，kha1 khiau1 <u>khiau1</u>，bin7 liau5 <u>liau5</u>

保庇大豬來進椆，po2-pi3 tua7-ti7 lai5 tsin3 <u>tiau5</u>，（押 iau 韻）

來悾悾，去戇戇，lai5 khong1 kh<u>ong</u>1，khi3 gong7 <u>gong</u>7，（押 ong 韻）

腰肚據〔註187〕阮摸，io1 <u>too</u>2 ku3 gun2/guan2 bong1/m<u>oo</u>1，（押 oo 韻）

暗路著敢行，am3 loo7 tioh4 kam2 <u>kiann</u>5，

狗吠毋免驚，kau2 pui7 m7 bian2 <u>kiann</u>1，

父母罵毋免驚，pe7-bo2 ma7 m7 bian2 <u>kiann</u>1，

某团加講喫拍駢。boo2-kiann2 ka7 kong2 tsiah8 phong3 <u>piann</u>2。（押 iann 韻）〕（全篇 53 字）

1997 年，《嘉義市閩南語歌謠集（一）》收編〈拜豬哥精〉內容大爲簡化：

〔悾悾，戇戇，khong1 kh<u>ong</u>1，gong7 <u>gong</u>7，

腰袋仔據咱摸，io1 te7 a2 ku3 lan2 b<u>ong</u>1，（押 ong 韻）

父母講你毋免驚，pe7-bo2 kong2 li2 m7 bian2 <u>kiann</u>1，

某講你就愛食肉駢。boo2 kong2 li2 tioh4 ai3 tsiah8 bah4 <u>piann</u>2。

兄弟講你合伊大細聲。hiann1 ti7 kong2 li2 kah4 i1 tua7 se3 <u>siann</u>1。

（押 iann 韻）〕〔註188〕

由上可看出，同一內容的唸謠，名稱起了變化，字句稍有不同，次序也有不一，但涵義大致未變，反映口語歌謠多變的特性。

〈歲時歌〉

李獻章，1936 年、1989 年，《臺灣民間文學集》，「民歌」收入兩首歲時歌，如（1）（註明：花壇）、（2）。〔註189〕

吳瀛濤，1975、1979 年，《臺灣諺語》，收入三首〈歲時歌〉〔註190〕，前

〔註187〕【據 ku3】，即【據在 ku3-tsai7】，任憑。原文用「舉」。董忠司《臺灣閩南語辭典》，頁 674。

〔註188〕江寶釵總編輯《嘉義市閩南語歌謠集（一）》（嘉義市立文化中心，1997 年），頁 64。

〔註189〕李獻章《臺灣民間文學集》（台北：龍文出版社，1936 年、1989 年），頁 1～4。

〔註190〕吳瀛濤《臺灣諺語》，頁 291～394。

兩首與李獻章《臺灣民間文學集》一樣，即增加（3）。

　　胡萬川總編輯，1994 年，《大甲鎮閩南語歌謠集》收入「正月正」，歌詞有很大變異，列為（4）。另有 1999 年，《大安鄉閩南語歌謠集》「正月正」僅到九月，列為（5）。2001 年，《台南縣民間文學集》「正月正」僅到十月，列為（6）。另外一首童謠〈月月俏〉頗有歲時歌的味道，按月述說台灣的節俗風情，列為（7）。

　　（1）〔正月正，tsiann1-gueh8 tsiann1，

　　　　請囝婿，入大廳。tshiann2 kiann2 sai3，jip8 tua7-thiann1。（押 iann 韻）

　　　　二月二，ji7- gueh8 ji7，

　　　　刣豬公，謝土地。thai5 ti1-kong1，sia7 tho2-ti7。（押 i 韻）

　　　　三月三，sann1-gueh8 sann1，

　　　　桃仔李仔雙頭擔。tho5-a2 li2-a2 siang1-thau5 tann1。（押 ann 韻）

　　　　四月四，si3-gueh8 si3，

　　　　桃仔來，李仔去，tho5-a2 lai5，li2-a2 khi3，（押 i 韻）

　　　　五月五，goo7-gueh8 goo7，

　　　　龍船敆，水裡渡。ling5-tsun5-koo3，tsui2 li7 too7，（押 oo 韻）

　　　　六月六，lak8-gueh8 lak8，

　　　　踏水車，打碌磚。tah8 tsui2 tshia1，phah4 lak8-tak8。（押 ak 韻）

　　　　七月七，tshit4-gueh8 tshit4，

　　　　龍眼烏，柝榴必。ling5-ging2 oo1,sia7-liu5 pit4，（押 it 韻）

　　　　八月八，peh4-gueh8 peh4,

　　　　牽豆藤，挽豆莢。khan1 tau7-tin5，ban2 tau7-ngeh4，（押 eh 韻）

　　　　九月九，kau2-gueh8 kau2，

　　　　風吹滿天吼。hong1 tshue1 mua2 thinn1 hau2。（押 au 韻）

　　　　十月十，tsap8-gueh8 tsap8，

　　　　冬瓜糖霜，落薦盒。tang1 kue1 thng5 sng1，lak4 tsian3 ap8。（押 ap 韻）

　　　　十一月，人焚火。tsap8-it4-gueh8，lang5 hun1 hue2，

　　　　十二月，人炊粿。tsap8-ji7-gueh8，lang5 tshue1 kue3。（押 e 韻）〕

　　（2）〔正月正，咧佚迌，tsiann1-gueh8 tsiann1,le0 thit4-tho5。

聽見跋筊聲，thiann1-kinn3 puah8-kiau2 siann1，（押 iann 韻）

二月二，老土地，ji7- gueh8 ji7,lau7 tho2 ti7，（押 i 韻）

三月三，sann1-gueh8 sann1，

桃仔李仔雙頭擔。tho5-a2 li2-a2 siang1-thau5 tann1。（押 ann 韻）

四月四，si3-gueh8 si3，

桃仔來，李仔去，tho5-a2 lai5，li2-a2 khi3，（押 i 韻）

五月五，goo7-gueh8 goo7，

西瓜排甲滿街路，si1-kue1 pai5 kah4 mua2 ke1 loo7，（押 oo 韻）

六月六，lak8-gueh8 lak8，

頭家落田拍碌碡〔註191〕。thau5-ke1 loh8-tshan5 phah4 lak8-tak8。

（押 ak 韻）

七月七，tshit4-gueh8 tshit4，

龍眼烏，石榴必〔註192〕，ling5-ging2 oo1,sia7-liu5 pit4，（押 it 韻）

八月八，peh4-gueh8 peh4，

牽豆藤，挽豆莢，khan1 tau7-tin5，ban2 tau7-ngeh4，（押 eh 韻）

九月九，kau2-gueh8 kau2，

風吹滿天吼。hong1 tshue1 mua2 thinn1 hau2。（押 au 韻）

十月十，tsap8-gueh8 tsap8，

儂收冬，頭家倩長工，lang5 siu1 tang1，thau5-ke1 tshiann3 tng5 kang1，（押 ang 韻）

十一月，年兜邊，tsap8-it4-gueh8,ni5 tau1 pinn1，

家家戶戶儂挲圓，ke1-ke1-hoo7-hoo7 lang5 so1-inn5，（押 inn 韻）

十二月，tsap8-ji7-gueh8，

換新衫，來過年。uann7 sin1-sann1,lai5 kue3-ni5。〕

（3）〔正月正，tsiann1-gueh8 tsiann1，

牽新娘，出大廳。khan1-sin1-niu5，tsut4 tua7-thiann1。（押 iann 韻）

二月二，ji7- gueh8 ji7，

土地公，搬老戲。tho2-ti7-kong1，puann1 lau2 hi3。（押 i 韻）

三月三，sann1-gueh8 sann1，

〔註191〕「碌碡」是古老的農具，由牛拖行，以搗碎田裡的土塊。
〔註192〕「必」是借用字，皮膚乾燥而裂開。

桃仔李仔雙頭擔。tho5-a2 li2-a2 siang1-thau5 <u>tann</u>1。（押 ann 韻）

四月四，si3-gueh8 <u>si</u>3，

桃仔來，李仔去，tho5-a2 lai5，li2-a2 <u>khi</u>3，（押 i 韻）

五月五，<u>goo</u>7-gueh8 <u>goo</u>7，

龍船鼓，滿街路，ling5-tsun5-<u>koo</u>2，mua2 ke1 <u>loo</u>7，（押 oo 韻）

六月六，<u>lak</u>8-gueh8 <u>lak</u>8，

做田人，打碌磚。tso3-tshan5-lang5，phah4 <u>lak</u>8-<u>tak</u>8。（押 ak 韻）

七月七，<u>tshit</u>4-gueh8 <u>tshit</u>4，

芋仔蕃薯，全全劈。oo7-a2 han1-tsu5，tsuan5 tsuan5 <u>pit</u>4，（押 it 韻）

八月八，<u>peh</u>4-gueh8 <u>peh</u>4，

牽豆藤，挽豆莢，khan1 tau7-tin5，ban2 tau7-<u>ngeh</u>4，（押 eh 韻）

九月九，<u>kau</u>2-gueh8 <u>kau</u>2，

風吹滿天吼。hong1 tshue1 mua2 thinn1 <u>hau</u>2。（押 au 韻）

十月十，<u>tsap</u>8-gueh8 <u>tsap</u>8，

三界公〔註 193〕，來鑒納。sam1-kai3-kong1，lai5 kam3 <u>lap</u>8。（押 ap 韻）

十一月，挲圓仔桲。tsap8-it4-gueh8，so1 inn5-a2-tshe3。

十二月，賣飯春花。tsap8-ji7-gueh8，bue7 png7-tshun1-<u>hue</u>1。（押 e 韻）〕

整首十二句，前十句各自押尾韻，後二句則一起押尾韻，可說相當整齊。

（4）〔正月正，tsiann1-gueh8 ts<u>iann</u>1，

媒人毋出廳，mue5/hm5 lang5 m7 tsut4 th<u>iann</u>1。（押 iann 韻）

二月二，ji7- gueh8 <u>ji</u>7，

穿棕簑〔註 194〕拜土地，tshing7 tsang1-sui1 pai3 tho2-<u>ti</u>7，（押 i 韻）

三月三，sann1-gueh8 s<u>ann</u>1，

桃仔李仔佮〔註 195〕頭擔，tho5-a2 li2-a2 thin7-thau5 t<u>ann</u>1。（押 ann

---

〔註 193〕【三界公 sam1-kai3-kong1】，神名；又稱「三官大帝」。即掌管天、地、水的
神。

〔註 194〕【棕簑 tsang1-sui1】，簑衣。

〔註 195〕【佮 thin7】，匹敵、相稱。

韻）

四月四，si3-gueh8 si3，

桃仔來，李仔去，tho5-a2 lai5，li2-a2 khi3，（押 i 韻）

五月五，goo7-gueh8 goo7，

西瓜滿街路，si1-kua1 mua2 ke1 loo7，（押 oo 韻）

六月六，lak8-gueh8 lak8，

仙草水米苔目，sian1-tshau2 tsui2 bi2 thai1 bak8，（押 ak 韻）

七月七，tshit4-gueh8 tshit4，

龍眼烏石榴必〔註196〕，ling5-ging2 oo1 sia7-liu5 pit4，（押 it 韻）

八月半，peh4-gueh8 puann3，

潤餅皮滿街看，jun7-piann2-phe5 buan2 ke1 khuann3，（押 uann 韻）

九月九，kau2-gueh8 kau2，

風吹滿天吼，hong1 tshue1 mua2 thinn1 hau2。（押 au 韻）

十月半，tsap8-gueh8 puann3，

戲棚跤徛〔註197〕得看，hi3-penn5 kha1 khia7 te7 khuann3，（押 uann 韻）

十一月，tsap8-it4-geh8，

家家戶戶搓圓過冬節，ke1-ke1-hoo7-hoo7 so1 inn5 kue3 tang1-tseh4，（押 eh 韻）

十二月尾，tsap8-ji7-gueh8 bue2，

迎新年炊甜粿。ging5 sin1-ni5 tshue1 tinn1-kue2。（押 ue 韻）〕

〔註198〕

（5）〔正月正，tsiann1-gueh8 tsiann1，

媒人毋出廳，mue5/hm5 lang5 m7 tsut4 thiann1。（押 iann 韻）

二月二，ji7- gueh8 ji7，

刣豬公做聖忌，thai5 ti1 kong1 tso3 sing3 ki7。（押 i 韻）

三月三，sann1-gueh8 sann1，

〔註196〕【石榴 sia7-liu5】，落葉灌木，結球形果實，味道酸甜。【必 pit4】，裂開。代用字。

〔註197〕【徛 khia7】，站。有用「企」字。

〔註198〕胡萬川總編輯《大甲鎮閩南語歌謠集》（台中縣：台中縣縣立文化中心，1994年），頁 122。

桃仔李仔佝頭擔，tho5-a2 li2-a2 thin7-thau5 tann1。（押 ann 韻）

四月四，si3-gueh8 si3，

桃仔來，李仔去，tho5-a2 lai5，li2-a2 khi3，（押 i 韻）

五月五，goo7-gueh8 goo7，

西瓜滿街路，si1-kua1 mua2 ke1 loo7，（押 oo 韻）

六月六，lak8-gueh8 lak8，

仙草水米苔目，sian1-tshau2 tsui2，bi2 thai1 bak8，（押 ak 韻）

七月七，tshit4-gueh8 tshit4，

龍眼烏石榴必，ling5-ging2 oo1 sia7-liu5 pit4，（押 it 韻）

八月八，peh4-gueh8 peh4，

牽豆藤，挽豆莢，khan1 tau7-tin5，ban2 tau7-ngeh4，（押 eh 韻）

九月九，kau2-gueh8 kau2，

風吹滿天吼。hong1 tshue1 mua2 thinn1 hau2。（押 au 韻）〕〔註199〕

（6）〔正月正，tsiann1-gueh8 tsiann1，

買魚買肉供契兄〔註200〕，be2 hi5 be2 bah4 king3 khe3-hiann1，（押 iann 韻）

二月二，ji7-gueh8 ji7，

紅柑佝紅柿，ang5-kam1 thin7 ang5-khi7，（押 i 韻）

三月三，sann1-gueh8 sann1，

犁頭佝犁擔，le5-thau5 thin7 le5-tann1，（押 ann 韻）

四月四，si3-gueh8 si3，

請阮姨仔姑仔來看戲，tshiann2 guan2 i5-a2 koo5-a2 lai5 khuann3 hi3，（押 i 韻）

五月五，goo7-gueh8 goo7，

龍船鼓，踏腳步，ling5-tsun5-koo2，tah8 kha1 poo7，（押 oo 韻）

六月六，lak8-gueh8 lak8，

摳田草予日曝，khau1 tshang5 tshau2 hoo7 jit8 phak8，（押 ak 韻）

七月七，tshit4-gueh8 tshit4，

〔註199〕胡萬川、王正雄總編輯《大安鄉閩南語歌謠集》（台中縣：台中縣立文化中心，1999年），頁112。

〔註200〕【供 king3】，供奉祭祀。【契兄 khe3-hiann1】，原指乾哥哥，後來用來指情夫、男朋友、姘夫。

　　荔枝黃龍眼必，nai7-tsi1 ng5，ging5-ling2 pit4，（押 it 韻）

　　八月八，peh4-gueh8 peh4，

　　牽豆藤，挽豆莢，khan1 tau7-tin5，ban2 tau7-ngeh4，（押 eh 韻）

　　九月九，kau2-gueh8 kau2，

　　舉撩刀仔敲稻草，giah8 liau7 to1 a2 khau1 tiu1-tshau2，（押 au 韻）

　　十月十，tsap8-gueh8 tsap8，

　　二隻惡牛仔來相磕。nng7 tsiah4 ok4 gu5 a2 lai5 sio1 khap8。（押 ap
　　韻）〕〔註201〕

（7）〈月月俏〔註202〕〉

　　正月俏查某，tsiann1-gueh8 siau2 tsa1-boo2，

　　二月俏蛤蛄〔註203〕，ji7- gueh8 siau2 kap4-koo2，

　　三月俏媽祖，sann1-gueh8 siau2 ma2-tsoo2，

　　四月芒種雨，si3-gueh8 bong5-tsing2 hoo7，

　　五月無乾土，goo7-gueh8 bo5 ta1 thoo5，

　　六月火燒埔，lak8-gueh8 hue2 sio1 poo1，

　　七月好普渡，tshit4-gueh8 ho2 phoo2-too7，

　　八月是白露，peh4-gueh8 si7 peh7-loo7，

　　九月九降風，kau2-gueh8 kau2 kang3 hong1，

　　十月三界公，tsap8-gueh8 sam1-kai3-kong1，

　　十一月冬節圓，tsap8-it4-gueh8 tang1-tseh4 inn5，

　　十二月好過年。tsap8-ji7-gueh8 ho2 kue3-ni5。

這首歲時的童謠，將一月到十二月最流行的社會現象和生活狀況唱出來。正
月是新春，女孩都打扮得花枝招展，像蝴蝶般到處飛舞。二月春耕，田野間
處處可聽到蛙鳴。三月間，可說舉國皆繞著媽祖誕辰廟會轉，善男信女紛紛
到廟裡進香，造成空前盛況。四月中有「芒種」這個節氣，據說在這個節氣
下穀播種，來年便會豐收。四、五月又是梅雨季，土地不會缺水。到了六月，
因為天氣太炎熱，土地像被火燒焦一樣。七月份普渡孤魂野鬼，八月「白露」
到，九月開始吹東北季風，就是「九降風」。「三界公」的生日在十月份，十

─────────────────────

〔註201〕胡萬川總編輯《台南縣民間文學集》（台南縣：台南縣文化局，2001 年），頁
　　　　38。

〔註202〕【俏 siau2】，沈迷於某人、某事、某物。

〔註203〕【蛤蛄 kap4-koo2】，大青蛙。

一月吃冬至圓，十二月準備要好好兒過年。

　　同一主題，而在不同時期，不同地區呈現的歲時歌和各類歌謠，述說台灣各地的民俗風情，反映著台灣多元文化的多采多姿內涵，其中述說著不同族群的生活習俗、寒暑不同生活感受、季節性產物特色，串聯著眾多台灣人的共同回憶。

四、小　結

　　一般人總以為語言只是一種溝通工具，其實對「母語」而言有其深沈的意義，它是一種「思考」的方式，一種「文化」的呈現，豈只是溝通的工具而已。

　　每一種語言都有它的個性，包含口音、聲調和內容表達的方式，所以語言學家時常強調，語言不只是一種溝通的工具而已，它又是一種思考的方式、感情的交流、文化的表現、族群的符號，這不是別種語言可取代的。

　　台語源自漢語傳統，漢語從最早留存有文字記錄的《詩經》韻文開始，已有數千年的歷史，詩詞歌賦對押韻的運用隨處可見，這種風潮必隨漢語留存在閩南語，以至於台語中。也就是說這種使用押韻、諧音的語言文化有其歷史淵源。

　　洪惟仁教授指出：

> 台灣文化的表現工具是台灣話，沒有台灣話就沒有台灣文化。雖然閩南話是漢語系的一支，台灣閩南文化也是漢文化的一支，但它是自成體系，沒有任何語言可以取代台灣閩南話做為台灣閩南文化的工具。」〔註204〕

回顧一百年來的台灣社會，走過非常激烈的文化、語言變化。台灣島四面環海，貿易交通自古以來極為頻繁，相對地容易接觸新事物、新觀念，人民的吸收適應能力相對較強，也易於創造更新。因此相對於原鄉保守環境，民間的多元接觸，有助於文化發展，也容易形成台語多元特性。

　　自從日本統治中期開始發生急遽的變化。光復以後，隨著社會的變遷，變化更加劇烈。台灣文化在未受外來影響之前是自成體系的。雖然歷經摧殘，但它的遺俗仍在，並且曾根深柢固地支配著人們的行為。

　　當我們了解台語語言，擁有這種隨時、隨地的「押韻」習慣，反映了台

〔註204〕參閱洪惟仁《臺灣禮俗語典》，頁14。

語對韻律和諧的追求。同時押韻的特色，顯示台語具有語言的優美性、藝術性、音樂性、古老性等多重面貌，值得我們重視並加以發揚光大。

第七章 結 論

　　美國人類學者露絲・潘乃德（ Ruth Fulton Benedict，1887-1948）認為：

> 文化是通過某個民族的活動而表現出來的一種思維和行動方式，使
> 這個民族不同於其他任何民族的方式。〔註1〕

亦即每個民族都有自己的文化特色，透過思考和語言等工具表現出來。

　　德國語言學家威廉・洪堡特（Wilhelm von Humboldt, 1767-1835）更認為：

> 語言是處於思維和客觀現實之間的一種特殊的中間世界，而人和語
> 言是一起誕生的，語言活動是人類精神固有的特性，不同類型的語
> 言是由不同類型的思維創造力締造成的。在這一中間世界的精神現
> 實中反映初人的有意識的活動。〔註2〕

由此可知，語言是創造人類文化的必要條件，並且是形成文化成果的參與者。
台灣文化中的信仰習俗即藉由台語構思、傳播，由大多數台灣人在生活中實
踐。在本章中，筆者就此提出研究心得和看法，並作了初步結論和建議。

第一節　研究價值

　　本篇論文極可能是第一篇從語言文化觀點，以台灣信仰習俗為範圍，以
台語語音為基礎，深入探討台語文化的碩士論文。本文已初步整合語言學與
文化學之間的鴻溝，拋棄已往各自發展、毫無聯繫的研究型態，而以跨領域

〔註1〕 參 Ruth Benedict《文化模式》Patterns of Culture，，黃道琳譯，巨流圖書公司
　　　　出版，1998。
〔註2〕 參徐志民《歐美語言學簡史》56～78。

學術方式，研究台灣文化。相信經由本篇論文的發表，必會引起相關領域研究者的重視，進而帶動進一步的研究風潮。

　　本篇論文也可作爲相關台灣語文、台灣文化教學或學習的重要參考。因爲學習台灣語文，若以信仰習俗爲途徑，豐富的台灣文化內容必能引起學習者的興趣，而達到更高的學習目標。同樣的，學習台灣文化，若以台灣語文爲途徑，豐富的台灣語文內涵有助於提升教育學習效果。所以說，母語教育的提升，必有賴於母語文化的傳授與推廣，兩者互相配合，必能達到事半功倍的成效。

　　研究台語文化，對整個漢民族來說，唯有台灣得以保存比較完整的古漢語精髓，加上台灣本土自然環境的陶鑄，能夠對漢族文化自然變遷的研究作出貢獻。對台灣人來說，母語文化就是最好的語言教材，也是文化教材，唯有對自己生長環境的深入瞭解，才能認識先民們的苦心和智慧結晶，懂得珍惜，才能發揚光大。

第二節　研究結論

　　本論文研究主題是「台灣信仰習俗中的語言文化研究」。其中意涵如下：「台灣信仰習俗」：台灣人爲了生命繁衍延續、生活安全需要，克服環境困厄、禳災祈福的心理需要，發展出的生活文化模式。

　　「語言文化研究」：通過研究把蘊藏在語言內部、語言背後的文化因素挖出來。語言不僅是表達手段，而且更主要的是認知手段。語言是處在人與自然之間的一個獨特的世界，人在很大程度上必須通過語言的世界才能認識自然的世界，而由於語言的不同，各個民族認識到的自然世界也就不同，所以說每個族群都有自己的語言文化。本論文探討的台灣信仰習俗中的「語言文化」，可簡述如下表：

表7-1　台灣人與台語、台灣社會文化的相互關係

人	語言→思惟（表達、認知）		外在世界（人文環境、自然世界）	
台灣人	台語 單音節、同音異義		台灣社會文化 昔日環境、知識、醫藥、公權力較差	
溝通對象	押韻（俗諺、歌謠）	諧音（字、詞） 語言崇拜	平時：信仰習俗 早晚燒香保平安 初一十五拜神祖先	功能：文化、知識、信仰傳承學習

與他人	易學易記 訴諸情感 童謠歌謠 俗諺	語言禁忌	特定時空：生命禮儀 出生（月內；月內房） 婚俗（三月；新娘房） 喪俗（三年；喪家）	儀式語言 吉祥話（講好話） 四句聯 凶中求吉
與超自然	巫術功能 儀式歌 訣術歌 禱詞	趨吉避凶	神聖時空： 廟會慶典（醮典、齋戒） 歲時節俗（年、節）	酬謝神恩 祈福、平安、避 邪、心靈寄託

　　傳統漢族以家庭作為奠定並維繫家族的價值網絡，把「家」提高到人一生最重要的生活群體的地位，而且把維繫這一生活群體感情的孝悌，視為最高道德價值的表現。恪守祖訓是培養子女對祖先的認同感，因此，家庭的成員得服從、斂收、壓抑、克制自己的個性以達到家庭的和諧與榮譽。

　　台灣信仰習俗顯現漢族「以家為主」的文化模式：傳統生育觀念「不孝有三，無後為大」，追求多子多孫，維繫家族香火延續。傳統婚姻由家長主導、重視家庭繁衍，男女新人處於被動角色，藉由祭祖拜神賜予新人「永結同心」力量。喪葬禮俗更是表現傳統儒教「死，葬之以禮，祭之以禮」的儀節。

一、台語反映台灣信仰習俗文化

　　簡述如下：

（一）信仰習俗與語言

1、人們透過語言與神明、鬼魂、他人溝通，形成特殊的以口語形式為主的「俗文學」

2、語言巫術：咒語、吉利詞語、字畫（春聯）、念經（經卷有神力能消災滅禍）、靈符（避邪）、敬惜字紙（文字神秘感）。

3、語言禁忌：稱乎、姓名、私隱詞、不吉利的諧音。

（二）、語言反映文化現象

　　語言是人類看待世界的一種方式，一般來說，對於一個民族越是重要的東西，這個民族對它的「語言分割」越是細密。反映文化現象的詞彙其數量與它在文化上的重要性成正比。

　　民間從【囡子】出世，到人老【過身】，台語稱呼非常多，總共 51 個詞彙。

（三）台語與生育禮俗

婦女懷孕——

【有身】【大腹肚】【有囡仔】【有啊】【有花】【有胚也】等。

【抾囡仔】——孩子是撿到的、注生娘娘送的。

接生——

【拾子婆】【拾子母】【拾媽】【拾姐】【拾姐母】【產婆】【先生媽】。

嬰兒出生——

【倒踏蓮花】【倒頭生】【坐斗】【坦敧生】【坦橫生】【討鹽生】。

拜神拜祖——

【三朝】【滿月】【做四月日】【度晬】【做十六歲】和年節。

【歹育飼】——【拜契】、【過囡仔關】、【收驚】。

（四）吉祥話與婚俗

婚姻是人生大事，不只是兩個新人的結合，而是家庭，家族大事，造成繁文縟節【厚禮數】現象，也形成特殊的「吉祥話」【講好話】語言文化。

從訂婚戴戒指儀式開始、食姊妹桌、拜別父母、蓋頭紗、上轎、啓程、灑緣粉、出轎、過火、過戶碇、入廳堂、拜堂、入洞房、結婚酒、食新娘茶，到歸寧、正式洗手作羹湯，都有不同押韻的四句聯來提醒或祝福新人。

（五）台語與婚俗

台語【親】字，與婚姻有關，產生相關詞彙。

宜蘭，新娘進門時有【倒腰】的奇俗。

1、【陳林李，結生死】【陳無情，李無義，姓林仔娶家己】

2、【施黃許，赤查某】【娶了施黃許，敬如天公祖】

3、【欲娶嘉義人，欲嫁台南迌】。

婚俗與【講好話】【四句聯仔】密切相關。同時【囡仔歌】很多。

（六）台語與喪俗

昔日辦喪事，厝邊頭尾都互相幫忙。【共人湊相共】、【共人湊跤手】、【湊幫贊】……喪事是凶事，亡靈會保庇，凶中有吉。

【食三角（相合）肉】、【白貼】也成爲辦【喪事 song1（文）/sng1（白）-su7】的代稱。

【食教，死毋人通哭】、【入教，死無人哭】反映昔日傳統對喪事的執著。

喪俗的語言文化特色：凶中求吉，常藉吉語、吉物以求之。另有儀式語言、【哭禮數】、【哭路頭】等。

（七）台語與信仰習俗

1、從相關俗諺來觀察：

媽祖和觀音媽，都給人正面印象。

王爺信仰，粗魯、負面形象。

土地公信仰，權勢、現實負面形象。

2、俗諺也有教導反思意味：

【儉腸凹肚，為著初一十五。】

【神明興，弟子窮；尪公顯，弟子了仙（錢）。】

【王爺公無保庇，害死蘇有志。】

（八）台語與歲時節俗

年、節為特殊神聖時間，民間相信，吉祥話具有逢凶化吉的神秘莫測力量。

台語歌謠反映年俗演變：只有【初九天公生】沒有大變化，【十五上元（元宵）暝】變化小，其餘都作了或大或小的更動。

閩南早期的年俗中，充滿濃厚的宗教色彩，台灣的年俗中，已逐漸退去，娛樂休閒色彩增加。傳統過新年習俗，隨著時、空轉換，漸漸地在改變之中，由歌謠演變看出這一趨勢。

二、運用押韻、諧音，易學易記

本論文己大致建構研究台語文化的輪廓，先從語音層次加以探討，並集中在押韻、諧音方面，已可粗略看出其所反映的文化模式，大致與漢人的傳統文化相符合：一種重視聲韻合諧、對偶平衡、喜歡比附聯想、講究繁文縟節的語言性格；藉由生活經驗產生的俗諺、歌謠，傳播知識、體現教誨、並與傳統信仰融合，謹守語言禁忌，趨吉避凶，追求個人與家庭「財、子、壽」三全理想境界的生活文化性格。簡述如下：

（一）押韻、諧音在信仰習俗中的運用

漢語（台語）以單音節作為語言單位，不因時態、數量、主被動等文法

形式而改變或增減其語音。

　　缺點是有限的音素承擔無限的語意，因為多義共音而造成同音異義的聽覺混亂。可是，相對的它卻提供押韻、諧音運用的寬廣空間。

　　台灣民間生活中，信仰習俗佔有重要地位，昔日文人參與公廟、地方公共事務很多，押韻運用、諧音現象可能因此而普遍。

（二）台灣押韻習慣

　　民間文學押韻——不以**傳統韻書**為範本，而以**台語音感**為基礎，使得台語押韻顯得複雜。

　　一般押韻——主要元音和韻尾都一樣，即可押韻。

　　周長楫教授與鍾榮富教授：韻頭最好相同。

　　鄭良偉教授：台灣押韻一般以整個韻母參加。

　　李壬癸教授：由於次方言因素，台、澎地區，主要元音〔o〕與〔ɔ（oo）〕不分而互押。

表 7-2　本篇論文俗諺押韻統計

韻腳比較	生 育	結 婚	喪 葬	廟 會	歲 時	總 數
總數	32	45	45	79	71	272
押韻	14	29	32	35	49	159
平均	43.8%	64.4%	71.1%	44.3%	69%	58.5 %
未押	15	15	9	42	22	103
寬韻	3	1	4	2	0	10

　　在信仰習俗有關的諺語中，超過半數 58.5% 以上，都有押韻（尾韻）的情形。這可能是人們喜歡使用台語押韻特點，來加深人們記憶，以彌補口語傳播說完即消失，內容太多不容易記住，而且容易造成混淆的缺點有關。

（三）歌謠類押韻

　　歌謠類形式多樣，押韻普遍、自由。

　　囝仔歌：對詞句韻腳連串的重視，歌詞內容和意義，就無法十分講究。

　　儀式歌：脫口即時表演，每件喜事、生子、嫁娶、新年節慶都有說吉祥話的習慣。喪俗有凶中求吉的趨向，每個儀式進行中，都會說吉祥話搭配進行。

　　唸歌仔：七字仔四句押韻。昔日看歌仔簿，聽歌仔仙唸歌重要的娛樂。

（四）諧音在信仰習俗中的運用

諧音——運用字詞之間的音相同或相近，即相諧關系，表達思想的一種語言現象。

諧音迎合漢族愛比附聯想的心理，融入人們的日常生活，尤其是信仰習俗中。

諧音現象在詞性和結構關係上沒有什麼要求，只要語音條件相符，便可相諧。這就是諧音字使用頻率極高的原因。

（五）諧音與押韻比較

都是語音運用，與聲調、語法沒有直接關係。

諧音以字詞為單位，由基礎字與目的字兩部份組成，利用相諧關係，表達思想的一種語言現象。明顯呈現語言崇拜或語言禁忌的情結。

押韻以句或句組為單位，主要利用尾韻相同或相近，造成聲音和諧、音節整齊的語言音樂美。達到易學易記，令人印象深刻、好聽的效果。

三、台語多元特色

台灣多元族群表現「眾聲喧嘩」文化特色

語音層面：各族群先後移居台灣，不同口音、生活習俗影響，產生語言　　　　　變體。

語文層面：台語文字沒有統一標準，遂因每個人用字不同，造成更多的　　　　　混亂。

文化層面：漢族習慣在比較模糊的、廣闊範圍的語言環境中，進行相互　　　　　理解。如【土地公】稱呼。

（一）台語詞彙——一詞多音多字

老鷹：鴟鴞、覓鴞、鷳鴞、利鴞、（厲鳥）鶬、鷳鳶、睞鴞、鴞婆、老鴞婆等。

1、語言內在的演變因素

la7-hioh8； lai7-hioh8； ba7/-hioh8；bua7- hioh8；mua7-hioh8；na7-hioh8；nai7-hioh8。聲調保持不變，詞尾-hioh8 不變，而詞頭的韻母稍為變化（a--ai），詞頭的聲母變化最大：l；b；bu；mu；n。似乎有一定的規律，有待探討。

2、語言外在的影響因素

鹿港本屬泉州腔佔多數的族群，但與艋舺、梧棲一樣，因昔日港口地位，

而和廈門交往頻繁，可能因此受影響。台東 ing1-a2 則顯然更現代，受華語影響。

（二）台語諺語演變

俗諺在不同的時、空，進行不同演變。由未押韻、字數不同成為押韻、字數相同的對句。

1914 年《臺灣俚諺集覽》（未押韻、未對仗）

　　【在生食一粒鴨母卵（nng1），較好死了孝一個大豬頭（thau5）。】

2002 年《台灣人智慧俗語》（押韻、對仗）

　　【在生食一粒土豆（tau7），卡贏死了孝豬頭（thau5）。（押 au 韻）】

（三）台語歌謠演變

台灣很多歌謠與閩南有密切關係，歌詞在地化特色。如〈搖金団〉【搖蜜桃→搖檳榔】。〈新正歌〉【初四庀落地→神下降】；【初五戒歸→隔開】。〈紅田嬰〉【墓鬼仔圍來掇墓餜→飼牛団仔圍來挹墓餜】。

日本影響〈欲娶某〉【袂輸會社煙筒箍】。

台灣信仰習俗具有傳統的保守性，語言文化方面也是相同，初步看來很少受到外來語影響。

中國傳統文化的影響也有在漸漸改變的情形，歌謠顯示出這種情形。

本土文化語言已日漸增多。

（四）台灣文化語言層次

古漢語：【有身】【三朝】【度晬】【新婦】……等。

本土化：【倒腰】【拜拜】【閣港廟】【角頭廟】……等。

1、【陳林李，結生死】【陳無情，李無義，姓林仔娶家己】

2、【施黃許，赤查某】【娶了施黃許，敬如天公祖】

3、【欲娶嘉義人，欲嫁台南尪】。

清代台灣宜蘭地區因為紛爭，「同姓不婚」的傳統被打破。

出生禮俗、婚俗與「喜句、四句聯仔」；喪俗與「吉句」密切相關。

四、結　語

台灣信仰習俗受生活環境變遷影響，由簡而繁，再由繁而簡、多元。語言依存於社會生活的實際需要而產生，信仰習俗的台語文化也是一樣情形。

　　台語與台灣文化之間是一體兩面，台語是台灣人的生活語言，台灣人生活所累積形成的台灣文化，由台語來顯現，同時台語本身也創造出它特有的語言文化。

第三節　研究限制與建議

　　本論文主題範圍廣泛，雖集中在台語文化部份，並以語音爲焦點，但涉及知識領域頗多，很多問題還有待更長時間，作更深入探討，說明如下：

一、研究限制

　　1、語言文化是一個民族的長期生活積累，研究語言文化無法單就某一時間、某一地區情形，作一截然清楚的切割，必須作通盤的整體考量。所以在探討台語語音現象時，必然要涉及古漢語、閩語、閩南語等不同層次的影響，以致易使主題顯得模糊。

　　2、語音現象與語文內容是一體兩面，也就是說語音與語意有密切關連，譬如說部份童謠是以音韻合諧爲主，結果語詞內容就會顯得空洞毫無意義。反過來說，追求口語語意的清楚完整表達，有時也很難顧到押韻的要求。所以在探討押韻、諧音現象時，必須考慮語意的因素。

　　3、目前本論文採用前人著作爲主要研究材料，發現不少台語用字、或見解上的問題，有些問題也無法從相關台語辭典、或文獻找到合理解釋；顯見台語文化研究領域還有很多努力的空間，期待更多人的投入。

　　4、目前相關台語辭典不少，但還有字音不夠、解釋內容不足、以及用字尚未統一等諸多問題，仍有待進一步解決或充實。譬如說，端午節習俗中的「艾草」，諺云：【插艾，跤手輕健。tshah4 hiann7，kha3 tshiu3 khin1 kian7】。有辭典，「艾草」注音〔ngai7-tshau2〕，民間普遍叫法〔hiann7- tshau2〕，這樣才能押韻。

　　5、文獻材料屬於二手資料，使用上較爲便利，但很多情況是交待不清楚，或與研究主題不相關難以採用。直接作田野調查則限於時間、人力、經費等個人能力無法承受。有待日後長期關注，不斷積累相關材料、資源，作後續探討。

　　6、日據時代已有不少研究或文獻記錄，可供參考和利用，但這方面本論文限於時間和語文能力，仍然有待後續研究者注意。

二、研究建議

文化語言學主要在研究文化跟語言之間的相互關係。研究台語文化的主要目的，在探討先民的語言智慧及其生活文化模式，並可瞭解台灣人的社會生活文化特性。

台灣是一個移民社會、多元社會，可提供研究的語言、文化主題非常豐富，如台語、客語、南島語之間的語言文化比較研究，台語與英語、日語的跨文化研究。

本論文集中在台語語音部份，其他如用字、詞彙、語法等部份，仍值得作進一步探討。可透過比較研究，找出語言文化差異與特點，瞭解台語特有文化。

語言的比較，如台語與閩語比較；台語與華語比較；甚至台語與英語、日語比較；分別從語言內部結構，針對語音、詞彙、語法等方面探討。或從語言表現型態，如俗諺、唸謠、童謠、民謠等作比較，找出台語文化的特殊性。

語言文化的比較，可逐步由台灣、閩南；亞洲、台灣，甚至東、西文化，集中在信仰習俗等方面的社會文化與語言文化變遷作一深入比較，以瞭解台灣社會生活差異及特性。

參考書目

一、辭典類工具書

1. 王力，1983 年，《同源字典》，台北市：文史哲出版社。

2. 王力主編，2000，2005 年，《王力古漢語字典》，北京：中華書局。

3. 王順隆新編，台灣總督府原著，2004 年，《新編台日大辭典》，出版：王順隆。

4. 中華語文出版社詞典編輯室，1984 年，2005 年，《臺英辭典》，台北：中華語文出版社。

5. 甘爲霖，1913 年，1978 年（12 版），《廈門音新字典》，台南：台灣教會公報社。

6. 平澤平七，1914 年，《臺灣俚諺集覽》，台北：臺灣總督府 （日文）。

7. 段玉裁，《說文解字注》，1975 年，台北：黎明文化公司。

8. 李榮主編，周長楫編纂，1998 年，《廈門方言詞典》，江蘇省：江蘇教育出版社。

9. 李榮主編，陳鴻邁編纂，1998 年，《海口方言詞典》，江蘇省：江蘇教育出版社。

10. 李榮主編，李如龍，潘渭水編纂，1998 年，《建甌方言詞典》，江蘇省：江蘇教育出版社。

11. 李如龍、梁玉璋、邵光椿、陳澤平編，1995 年，《福州方言詞典》，福州：福建人民出版社。

12. 吳瀛濤，1975、1979 年，《臺灣諺語》，台北市：台灣英文出版社。

13. 周長楫、林鵬祥、魏南安編著，1992 年，《臺灣閩南諺語》，台北市：自立晚報社。

14. 周長楫主編，2006 年，《閩南方言大詞典》，福州：福建人民出版社。

15. 林寶卿，1998 年，《閩南語方言與古漢語同源詞典》，廈門：廈門大學出版社。

16. 洪惟仁，1987 年，《臺灣禮俗語典》，台北市：自立晚報社。

17. 洪惠眾，1979 年，1995 年，《英語閩南語字典》，台中：瑪利諾語言服務中心。

18. 唐松波、黃建霖主編，許欽南校閱，1996 年，《漢語修辭格大辭典》，台北市：建宏出版社。

19. 陳修，1991 年，《台灣話大詞典》，台北市：遠流出版公司。

20. 陳冠學，2007 年，《高階標準台語字典》（上），台北：前衛出版社。

21. 陳正統主編，2007 年，《閩南話漳腔辭典》，北京：中華書局。

22. 陳憲國、邱文錫：2000 年，《實用台灣諺語典》，台北縣、樟樹出版社。

23. 凌紹雯等纂修，高樹藩重修，《新修康熙字典》，1978 年，台北市：啓業書局。

24. 徐福全，1998 年，《福全台諺語典》，台北市：作者自行出版。

25. 連橫著，姚榮松導讀，1987 年，《臺灣語典》，台北市：金楓出版社。

26. 董忠司總編纂，2001 年，《臺灣閩南語辭典》，台北市：五南圖書出版公司。

27. 楊青矗，1992 年，《國台雙語辭典》，台北市：敦理出版社。

28. 饒秉才，歐陽覺亞，周無忌，1981，1988 年，《廣州話方言詞典》，香港：商務印書館香港分館。

29. 廣東、廣西、湖南、河南辭源修訂組，1988 年，大陸版《辭源》，台北市：遠流出版公司。

30. 商務印書館編審部，1915 年，1976 年，《辭源》修訂正續合編附補編，台北市：臺灣商務印書館。

31. 熊鈍生主編，1980 年，《辭海》，臺北市：臺灣中華書局。

32. 廈大中語所漢語研究室，1993 年，《普通話閩南語詞典》，台北市：台笠出版社。

33. 北京大學中國語言文學系語言教研室編《漢語方言詞滙》，1995 年，2005 年，北京：語文出版社。

34. 北京大學中國語言文學系語言教研室編《漢語方音字滙》，1989 年，北京：文字改革出版社。

35. 未著名，1990 年，《中國民俗辭典》，台北市：智揚出版社。

二、語言、文學類

1. 丁邦新，1970，1972 年，《臺灣語言源流》，台中：臺灣省政府新聞處。

2. 王力，2004 年，王力別集《詩經韻讀、楚辭韻讀》，北京：中國人民大學出版社。

3. 王士元，1988 年，《語言與語音》，台北：文鶴出版公司。

4. 王育德，2000 年，《台語入門》，黃國彥譯，台北：前衛出版社。

5. 王育德，2000 年，《台灣話講座》，黃國彥譯，台北：前衛出版社。

6. 王育德，2002 年，《閩音系研究》，何欣泰譯，台北：前衛出版社。

7. 王華南，2007 年，《講台語，過好節——台灣古早節慶與傳統美食》，台北市：高談文化公司。

8. 王靜芝，1968 年，2005 年，《詩經通釋》，台北：輔仁大學中國文學系。

9. 方南強主編，2002 年，《阿寶迎媽祖——歡喜念歌詩》，台北：寶佳利文化公司。

10. 申小龍，1990 年，《中國文化語言學》，吉林省：吉林教育出版社。

11. 申小龍，1993 年，《文化語言學》，江西省：江西教育出版社。

12. 朱自清，1958 年，1999 年，《中國歌謠》，台北：世界書局。

13. 朱介凡，1964 年，《中國諺語論》，台北：新興書局。

14. 朱介凡，1974 年，《中國歌謠論》，台北：臺灣中華書局。

15. 朱介凡，1984 年，《中國謠俗論叢》，台北：聯經出版公司。

16. 朱介凡，1984 年，《俗文學論集》，台北：聯經出版公司。

17. 西諦著，《中國俗文學史》。

18. 曲彥斌主編，1996 年，《中國民俗語言學》，上海：上海文藝出版社。

19. 江寶釵總編輯，1997 年，《嘉義市閩南語歌謠集（一）》，嘉義：嘉義市立文化中心。

20. 江寶釵、周碧香、蕭藤村、董育儒，2001 年，《閩南語文學教材》，高雄：麗文文化公司。

21. 沈錫倫，1996 年，《語言文字的避諱禁忌與委婉表現》，台北：臺灣商務印書館。

22. 沈錫倫，2001 年，《民俗文化中的語言奇趣》，台北：臺灣商務印書館。

23. 吳戰壘，1997 年，《中國詩學》，北京：東方出版社。

24. 何九盈、胡双寶、張猛主編，1995 年，《中國漢字文化大觀》，北京：北京大學出版社。

25. 李獻章，1936 年、1989 年，《臺灣民間文學集》，台北：龍文出版社。

26. 李赫，1998 年，《台灣囝仔歌》，台北：稻田出版社。

27. 李如龍，2002 年，《漢語方言特征詞研究》，廈門：廈門大學出版社。

28. 李順涼、洪宏元編著，2004 年，《華台英詞彙句式對照集》，台北：五南

圖書出版公司。

29. 呂自揚，1994 年，《台灣民俗諺語析賞探源》，高雄：河畔出版社。

30. 邱冠福，1997 年，《台灣童謠》，台南：臺南縣立文化中心。

31. 邱坤良等，2002 年，《宜蘭縣口傳文學》，宜蘭：宜蘭縣政府。

32. 林西莉著，李之義譯，1998 年，《漢字的故事》，台北：貓頭鷹出版社。

33. 林文平，2000 年，《台灣歇後語典》，台北：稻田出版社。

34. 林金城，2005 年，《雙溪相襃歌》，台北縣：昊天嶺文史工作室。

35. 竺家寧，1998 年，《中國的語言和文字》，台北：臺灣書店。

36. 洪惟仁，1985 年，《臺灣河佬語聲調研究》，台北市：自立晚報社。

37. 洪惟仁，1992 年，《台灣方言之旅》，台北：前衛出版社。

38. 洪乾祐，1992 年，1999 年，《閩南語考釋》，台北：文史哲出版社。

39. 周長楫，1996 年，《詩詞閩南話讀音與押韻》，台北：敦理出版社。

40. 周長楫，1996 年，《閩南話的形成發展及台灣的傳播》，台北：台笠出版社。

41. 周長楫、林鵬祥、魏南安編著，1992 年，《臺灣閩南諺語》，台北：自立晚報社。

42. 周振鶴、游汝杰，1990 年，《方言與中國文化》，台北：南天書局。

43. 邵敬敏主編，史有為審訂，1995 年，《文化語言學中國潮》，北京：語文出版社。

44. 邢福義，1990 年，《文化語言學》，湖北教育出版社。

45. 胡萬川總編輯，1993 年，《沙鹿鎮閩南語歌謠集》（二），台中縣：台中縣立文化中心。

46. 胡萬川總編輯，1994 年，《沙鹿鎮閩南語歌謠集》（三），台中縣：台中縣縣立文化中心。

47. 胡萬川總編輯，1994 年，《大甲鎮閩南語歌謠集》，台中縣：台中縣縣立文化中心。

48. 胡萬川、王正雄總編輯，1999 年，《外埔鄉閩南語歌謠集》，台中縣：台中縣立文化中心。

49. 胡萬川、王正雄總編輯，1999 年，《大安鄉閩南語歌謠集》，台中縣：台中縣立文化中心。

50. 胡萬川、陳益源總編輯，1999 年，《雲林縣閩南語歌謠集》（一），雲林縣：雲林縣文化局。

51. 胡萬川總編輯，2000 年，《大園鄉閩南語歌謠集》，桃園縣：桃園縣立文化中心。

52. 胡萬川總編輯，2001 年，《台南縣民間文學集》，台南縣：台南縣文化局。

53. 胡萬川、陳嘉瑞總編輯，2002 年，《潭子鄉閩南語歌謠集》，台中縣：台中縣立文化中心。

54. 秋谷裕幸，2005 年，《浙南的閩東區方言》，台北：中央研究院語言學研究所。

55. 高明，1996，《中國文字學通論》，北京：北京大學出版社。

56. 高長江，1992 年，《文化語言學》，遼寧：遼寧教育出版社。

57. 程祥徽，1991，《繁簡由之》，香港：三聯書店。

58. 婁子匡、朱介凡，1963 年，《五十年來的中國俗文學》，台北：正中書局。

59. 梁啓超，1992 年，《中國韻文裡頭所表現的情感》，台北：臺灣中華書局。

60. 康原撰文、施福珍詞曲、王灝繪圖，1994 年，《台灣囝仔歌的故事》〈二〉，台北市：自立晚報社。

61. 康原撰文、施福珍詞曲、王灝繪圖，1996 年，《台灣囝仔歌的故事》，台北市：玉山社。

62. 陳玉慶（亦玄），1979 年，《台語溯源》，台北：時報文化公司。

63. 陳建民，1989 年，《語言文化社會新探》，上海：上海教育出版社。

64. 陳冠學，2006，《臺語之古老與古典》，台北：前衛出版社。

65. 陳義弘編註，2000 年，《台灣戲謔歌詩》，屏東：安可出版社。

66. 陳義弘、陳郁汝編註，2002 年，《台灣四句聯》，屏東：安可出版社。

67. 陳光磊，2001 年，《修辭論稿》，北京：北京語言文化大學出版社。

68. 許常惠，1982 年，《台灣福佬系民歌》，台北市：百科文化事業公司。

69. 許俊雅，1995 年，《日據時期臺灣小說研究》，台北：文史哲出版社。

70. 裴普賢編著 1982 年，《詩經評註讀本》，台北，三民書局。

71. 徐通鏘，2004 年，《基礎語言學教程》，北京：北京大學出版社。

72. 葉蜚聲、徐通鏘，1998 年，《語言學綱要》，台北：書林出版公司。

73. 黃宣範，1993 年，《語言、社會與族群意識──台灣語言社會學研究》，台北：文鶴出版公司。

74. 黃勁連，1996 年，《台灣囝仔歌一百首》，台北市：台語文摘。

75. 黃勁連，1997 年，《台灣歌詩集》，台南：臺南縣立文化中心。

76. 馮輝岳，1998 年，《台灣童謠大家唸》，台北：武陵出版社。

77. 溫惠雄，2002 年，《台灣人智慧俗語》，台北市：宏欣文化事業公司。

78. 溫惠雄，2002 年，《台灣人智慧歇後語》，台北市：宏欣文化事業公司。

79. 董忠司，2001 年，《臺灣語語音入門》，台北市：遠流出版公司。

80. 董忠司，2001 年，《福爾摩沙的烙印——臺灣閩南語概要》，台北市：行政院文化建設委員會。

81. 董峰政，2004 年，《全鬥句的台灣俗語》，台北市：百合文化事業公司。

82. 游汝杰，1993 年，《中國文化語言學引論》，北京：高等教育出版社。

83. 曾永義，1988 年，《詩歌與戲曲》，台北：聯經出版公司。

84. 楊秀芳，1991，2000，《臺灣閩南語詞法稿》，台北市：大安出版社。

85. 楊麗祝，2000 年，《歌謠與生活——日治時期臺灣的歌謠采集及其時代意義》，台北：稻鄉出版社。

86. 鄭良偉，1989 年，《走向標準化的臺灣話文》，台北：自立晚報社。

87. 鄭良偉，1990 年，《演變中的臺灣社會語文——多語社會及雙語教育》，台北：自立晚報社。

88. 鄭良偉、曾金金、李櫻、盧廣誠編，2000 年，《大學台語文選》（上冊），台北市：遠流出版公司。

89. 鄭志明，1999 年，《文學民俗與民俗文學》，嘉義：南華管理學院。

90. 鄭正忠編著 2005 年，《諺語故事》，作者自行出版。

91. 鄭振鐸，1938 年，《中國俗文學史》，商務印書館。

92. 鄭頤壽、鄭韶風、魏形峰 2000 年，2003 年，《對偶趣話》，福建：福建人民出版社。

93. 臧汀生，1980 年、1989 年，《臺灣閩南語歌謠研究》，台北：臺灣商務印書館。

94. 臧汀生、魏吉助、林茂賢，2002 年，《臺灣俚諺研習專輯》，台中：國立臺中圖書館。

95. 羅常培，2004 年，《語言與文化》，北京：北京出版社。

96. 鹿憶鹿編著，1999 年，《中國民間文學》，台北：里仁書局。

97. 張振興，1983 年，《台灣閩南方言記略》，台北：文史哲出版社。

98. 張炫文，1982 年，《台灣歌仔戲音樂》，台北市：百科文化事業公司。

99. 張嘉星，2006 年，《漳州方言童謠選釋》，北京：語文出版社。

100. 廖漢臣，1980 年，《臺灣兒歌》，台中：臺灣省政府新聞處。

101. 簡上仁、林二，1978 年，《臺灣民俗歌謠》，台北市：眾文圖書公司。

102. 簡上仁，1992，1996 年，《臺灣民謠》，台北市：眾文圖書公司。

103. 戴昭銘，1996 年，2005 年，《文化語言學導論》，北京：語文出版社。

104. 戴寶村、王峙萍，2004 年，《從台灣諺語看台灣歷史》，台北市：玉山社。

105. 錢乃榮，1995 年，《漢語語言學》，北京：北京語言學院出版社。

106. 謝國平，1985 年，2000 年，《語言學概論》，台北：三民書局。

107. 鍾榮富，2002 年，《台語的語音基礎》，台北：文鶴出版公司。

108. 鍾榮富，2003 年，《最新語言學概論》，台北：文鶴出版公司。

109. 魏吉助，《台灣諺語智慧》，著者自印，出版年代不詳。

110. 顏之推，「顏氏家訓」，《顏氏家訓選譯》，黃永年譯注，1992 年，台北市：錦繡出版事業公司。

111. Hocktt.C.F. 霍凱特著，索振羽、葉蜚聲譯，2002 年，《現代語言學教程》（A Course In Modern Linguistics），北京：北京大學出版社。

112. Edward Sapir，《Language: An Introduction to the Study of Speech》（語言論：語言研究導論），2002 年，北京：外語教學與研究出版社。

113. Edward Sapir 薩丕爾，1964 年、1985 年，《語言論》，北京：商務印書館。

114. Fedana de Sassure.索緒爾，1949 年著，《普通語言學教程》。1985 年中文翻譯出版，台北：弘文館出版社。

115. Raleigh Ferrell，費羅禮，1969 年，《臺灣土著族的文化，語言分類探究》，台北：中央研究院民族研究所。

116. Victoria fromkin. Robert Rodman，黃宣範譯，2003 年，《語言學新引》（An Introduction to Language 6E），台北：文鶴出版公司。

三、文化、社會、歷史類

1. 中村元著，1992 年，《東方民族的思維方法》，林太、馬小鶴譯，台北：淑馨出版社。

2. 毛一波，1969 年，1971 年，《臺灣文化源流》，台中：臺灣省政府新聞處。

3. 何聯奎、衛惠林，1956 年，《臺灣風土志》（上篇），台北：中華書局。

4. 何聯奎，1978 年，《中國禮俗研究》，台北：中華書局。

5. 宋光宇編譯，1977 年，《人類學導論》，台北：桂冠圖書公司。

6. 芮逸夫主編，1971 年，《雲五社會科學大辭典第十冊人類學》，台北：臺灣商務印書館。

7. 李亦園，1966 年，1995 年，《文化與行為》，台北：臺灣商務印書館。

8. 李亦園，1977 年，《文化人類學選讀》，台北：食貨出版社。

9. 李亦園，1978 年，《信仰與文化》，台北：巨流圖書公司。

10. 李亦園，1996 年，《文化與修養》，台北：幼獅文化公司。

11. 金耀基，1990 年，《從傳統到現代》，台北：時報文化公司。

12. 林耀華原著，宋和譯，1977 年，1986 年，《金翅——傳統中國家庭的社會化過程》，

13. 台北：桂冠圖書公司。

14. 施添福，1987 年，《清代在臺漢人的祖籍分布和原鄉生活方式》，台北：

國立臺灣師範大學地理學系。

15. 莊孔韶，1996 年，《銀翅——一部社會人類學的文本撰述》，台北：桂冠圖書公司。

16. 郁永河，1697 年，《裨海紀遊》，台中：臺灣省文獻委員會。1984 年，再版。

17. 陳其南，1987 年，1993 年，《臺灣的傳統中國社會》，台北：允晨文化公司。

18. 程大學，2000 年，《臺灣開發史》，台北：眾文圖書公司。

19. 蔡相煇，1998 年，《台灣社會文化史》，台北：國立空中大學。

20. 廖風德，2002 年，《臺灣社會文化史》，台北：中華電視股份有限公司。

21. 潘乃德，黃道琳譯，1976 年，《文化模式》，台北：巨流圖書公司。

22. 黃叔璥，《臺海使槎錄‧赤嵌筆談》，卷一，1983 年，台北，成文出版社。

23. 黃榮洛，1990 年，《渡台悲歌》，台北，臺原出版社。

24. 費孝通，1947 年，1991 年《鄉土中國》，香港：三聯書店。

25. 劉良璧，《重修臺灣府志》，1977 年，台中：臺灣省文獻委員會。

26. 臺灣史料集成編輯委員會，2004、2005 年，《臺灣縣志》、《臺灣府志》、《諸羅縣志》、《淡水廳志》，台北：文建會。

27. Bobert Nisbet.尼斯貝著，徐啓智譯，1989 年，《西方社會思想史》，台北：桂冠圖書公司。

28. Chris Jenks 著，俞智敏、陳光達、王淑燕譯，1993 年，《culture》（文化），台北：巨流圖書公司。

29. Victor Hell 著，翁德明譯，1990 年，《文化理念》，台北市：遠流出版公司。

30. Will Durant. 威爾‧杜蘭著，《世界文明史》第一卷《中國與遠東》，1935年，台北：幼獅文化公司編譯。

31. Jared M. Diamond. 賈德‧戴蒙著，王道還、廖月娟譯，1998 年，《槍炮、病菌與鋼鐵——人類社會的命運》（GUNS,GERMS,AND STEEL-The FATES of HUMAN SOCIETIES），台北：時報文化公司。

四、民俗、宗教類

1. 山根勇藏，1989 年，《台灣民俗風物雜記》，台北：武陵出版社。

2. 文蔚，1981 年，《細說中國拜拜》，台北：聯亞出版社。

3. 片岡嚴著，1921 年，陳金田、馮作民譯，1981 年，《台灣風俗誌》，台北：大立出版社。

4. 任騁，1993 年，1996 年，《中國民間禁忌》，台北：漢欣文化事業公司。

5. 宋光宇，1995 年，《宗教與社會》，台北：東大圖書公司。

6. 宋兆麟，1990 年，《生育神與性巫術研究》，北京：文物出版社。

7. 呂理政，1992 年，《傳統信仰與現代社會》，台北：稻香出版社。

8. 邱家文，1987 年，《臺灣民間風俗與信仰》，台中：臺灣省政府新聞處。

9. 邱德宏撰文、王灝繪圖，1999 年，《臺灣年俗》，台北：聯經出版公司。

10. 巫瑞書，1999 年，《南方傳統節日與楚文化》，湖北：湖北教育出版社。

11. 阮昌銳，1990 年，《中國民間宗教之研究》，台北：臺灣省立博物館。

12. 阮昌銳，1991 年，《歲時與神誕》，台北：臺灣省立博物館。

13. 宗懍（梁）撰，宋金龍校注，1987 年，《荊楚歲時記》，山西：山西人民出版社。

14. 吳瀛濤，1969 年，《臺灣民俗》，台北市：振文書局。

15. 吳永猛、謝聰輝，2005 年，《臺灣民間信仰儀式》，台北縣：空中大學。

16. 李豐楙、謝聰輝，2001 年，《臺灣齋醮》，台北：國立傳統藝術籌備處。

17. 李秀娥，2006 年，《台灣的生命禮俗——漢人篇》，台北：遠足文化事業公司。

18. 林美容，1996 年，《台灣文化與歷史的重構》，台北：前衛出版社。

19. 林美容，1993 年，《臺灣人的社會與信仰》，台北：自立晚報社。

20. 林美容，1991 年、1997 年，《台灣民間信仰研究書目》，台北：中央研究院民族學研究所。

21. 林衡道口述，鄭木金記錄，1987 年，《臺灣史蹟源流》，台北：青年日報。

22. 林衡道，1988 年，《臺灣歷史民俗》，台北：黎明文化事業公司。

23. 林衡道，1978 年，《臺灣民俗論集》，台中：臺灣省文獻委員會。

24. 林衡道口述，邱秀堂整理，1996 年，《臺灣風情》，台北：聯經出版公司。

25. 林明義編，1987 年，《台灣冠婚葬祭家禮全書》，台北：武陵出版社。

26. 林曙光，1993 年，《打狗採風錄》，高雄：春暉出版社。

27. 林曙光，1994 年，《打狗歲時記稿》，高雄：高雄市文獻會。

28. 林國平，2003 年，2005 年，《閩臺民間信仰源流》，福建：福建人民出版社。

29. 姚漢秋，1991 年，1994 年，《台灣婚俗古今談》，台北：臺原出版社。

30. 洪敏麟主講，洪英聖編著，1992 年，《臺灣風俗探源》，台中：臺灣省政府新聞處。

31. 徐福全，1979 年，《儀禮士喪禮既夕禮儀節研究》，台北：作者自印。

32. 徐福全，1984 年，《台灣民間傳統喪葬儀節研究》，台北：作者自印。

33. 徐福全，1996 年，《台灣民間祭祀禮儀》，新竹市：新竹社教館。

34. 馬書田，1993 年，《中國民間俗神》，台北：漢欣文化公司。

35. 國分直一著，《台灣的歷史與民俗》1991 年，邱夢蕾譯，台北：武陵出版公司。

36. 黃文博，1988 年，《台灣民間信仰見聞錄》，台南：台南縣文化局。

37. 黃文博，1991 年，《台灣信仰傳奇》，台北：臺原出版社。

38. 黃美英，1994 年，《臺灣媽祖的香火與儀式》，台北：自立晚報社。

39. 許金用，1992 年，《台灣民俗文化彙編》，桃園：內海國小鄉土文化研究會。

40. 秦家懿、孔漢思，1997 年，《中國宗教與西方神學》，台北：聯經出版公司。

41. 陶立璠，1987 年，《民俗學概論》，北京：中央民族學院出版社。

42. 劉還月，1989 年，《台灣歲時小百科》，台北：臺原出版社。

43. 劉還月，2000 年，《臺灣民間信仰》，台北：行政院新聞局。

44. 蔡相輝，1989 年，《台灣人的祠祀與宗教》，台北：臺原出版社。

45. 蔡相輝，1998 年，《台灣社會文化史》，台北：國立空中大學。

46. 蔡相輝、吳永猛編著，2001 年，《臺灣民間信仰》，台北縣：空中大學。

47. 謝聰輝，2006 年，《台文所臺灣民間信仰與田野調查教材（論文集）》。

48. 蘇同炳，1976 年，《台灣今古談》，台北：臺灣商務印書館。

49. 陳正之，2003 年，《台灣歲時記──二十四節氣與常民文化》，台北：行政院新聞局。

50. 梶原通好著，李文祺譯，1989 年，《台灣農民的生活節俗》，台北：臺原出版社。

51. 張寅成，2000 年，《中國古代禁忌》，台北：稻鄉出版社。

52. 張澤洪，2003 年，《道教神仙信仰與祭祀儀式》，台北，文津出版社。

53. 劉還月，2000 年，《臺灣民間信仰》，台北：行政院新聞局。

54. 蔡相輝，1989 年，1994 年，《台灣王爺與媽祖》，台北，臺原出版社。

55. 曾景來，1998 年，《台灣的迷信與陋習》，台北，武陵出版公司。

56. 施翠峯，1985 年，《臺北市寺廟神祇源流》，台北，台北市政府民政局。

57. 董芳苑，1975 年，1984 年，《台灣民間宗教信仰》，台北：長青文化公司。

58. 董芳苑，1986 年，《認識臺灣民間信仰》，台北：長青文化公司。

59. 蕭達雄，2003 年，《台澎地區禮俗禁忌論說──台語說禁忌》，高雄：復文圖書出版社。

60. 鍾福山主編，1995 年，《禮儀民俗論述專輯（第五輯）婚禮禮儀篇》，台北：內政部。

61. 藍吉富.劉增貴主編，1993 年，《敬天與親人－中國文化新論.宗教禮俗篇》，台北：聯經出版事業公司。

62. 廖風德，2002 年，《台灣歷史與文化》，台北：中華電視公司教學事業處。

63. 鄭志明，2001 年，《台灣神明的由來》，台北：中華大道文化公司。

64. 增田福太郎，黃有興譯，2005 年，《臺灣宗教信仰》，台北：東大圖書公司。

65. 瞿海源，1997 年，《臺灣宗教變遷的社會政治分析》，台北：桂冠圖書公司。

66. 婁子匡、許長樂，1971 年，《臺灣民俗源流》，台中：臺灣省政府新聞處。

67. 臺灣慣習研究會原著，1901 年至 1907 年，《臺灣慣習記事》，臺灣省文獻委員會譯編，1993 年。

68. 潛龍居士編著，1988 年，《中國民間諸神傳》，台北：泉源出版社。

69. Mirtsea Eliade.伊利亞德著，楊素娥（譯），2001 年，《聖與俗——宗教的本質》（The Satsred &The profane:The Nature of Religion），台北：桂冠圖書公司。

70. J.G.Frazer. 弗雷澤著，汪培基（譯），1991 年，《金枝》（The Golden Bough），台北：桂冠圖書公司。

71. Paul R.Katz. 康豹著，1997 年，《台灣的王爺信仰》，台北，商鼎文化出版社。

五、其他類

1. 江東亮，2003 年，《醫療保健政策——臺灣經驗》，台北：巨流圖書公司。

2. 黃昭堂，1989 年，《台灣總督府》，台北：自由時代出版社。

3. 陳紹馨，1979 年，《臺灣人口變遷與社會變遷》，台北，聯經出版公司。

4. 梁啟超，1980 年，《梁啟超評論文集》，台北：台灣新生報社出版部。

5. 楊蓮福，2005 年，《人口問題與臺灣政治變遷——人口政治學的初步探討》，台北：博揚文化公司。

六、論　文

1. 王順隆，〈「歌仔冊」的押韻形式及平仄問題〉，Last update 2002/05/30，http://www32.ocn.ne.jp/~sunliong/ong.htm。

2. 宋光宇，〈宗教與禮俗〉收錄於《臺灣近代史》文化篇，1997 年，南投：臺灣省文獻委員會。P191~275。

3. 李壬癸，1968 年，〈Rhyming and Phonemic Contrast in Southern Min〉〈閩

南語的押韻與音韻對比〉《中央研究院歷史語言所集刊》1968 年 3 月，頁 439～461。

4. 李壬癸，1992 年，〈閩南語的鼻音問題〉，《中國境內語言暨語言學》第一輯漢語方言，台北：中央研究院歷史語言所。

5. 李世之，〈試論漢語中的諧音字〉《語言教學與研究》，北京：北京語言學院，1995 年第 2 期。

6. 李豐楙，2001 年，〈禮生與道士：臺灣民間社會中禮儀實踐的兩個面向〉《社會、民族與文化展演國際研討會論文集》台北市：漢學研究中心。

7. 林衡道，1986 年，〈臺灣閩粵移民的歲時節俗〉收入《台北文獻》（直）75：271～308。

8. 林美容，2001 年，〈台灣媽祖的歷史淵源〉，發表於台灣歷史學會網站。

9. 林茂賢，2007 年，〈大甲媽祖進香過程研究〉，第一屆俗文學與通識教育學術研討會論文集。台北：大同大學通識教育中心。

10. 洪惟仁，1994 年，〈台灣的語言戰爭及戰略分析〉，第一屆台灣本土文化學術研討會論文。台北：國立師範大學。

11. 洪惟仁，2000 年，〈台北愛悅情歌〉，海峽兩岸民間文學研討會論文。桃園：元智大學中國語文系。

12. 胡萬川，〈民族、語言、傳統與民間文學運動──從近代的歐洲到日治時期的台灣〉清華大學中國文學系，網站資料。

13. 姚榮松，2000 年，〈臺灣閩南語歌仔冊的用字分析與詞彙解讀〉──以《最新落陰相褒歌》為例，國文學報第廿九期，台北：師大國文系。

14. 姚榮松，2005 年，〈臺灣閩南語的正字與俗字〉，國文天地21 卷 2 期。

15. 沈清松，1994 年，〈從文化觀點看臺灣經驗〉刊登在宋光宇編《臺灣經驗（二）──社會文化篇》東大圖書公司。

16. 黃瑞田，〈文化與語言相互研究的理論鉤沈〉，原載《南師語文學報》，網路資料。

17. 西林振聲，〈西螺地方關於疾病的迷信〉，收入《民俗臺灣》，第一輯，1990 年，台北，武陵出版公司。

18. 余光弘，1983 年，〈台灣地區民間宗教的發展──寺廟調查資料之分析〉，收入《臺灣宗教變遷的社會政治分析》〈附錄一〉，台北：桂冠圖書公司。

19. 林素梅、陳宛秀，2005 年，〈宗教與多元文化〉收入《台灣的多元文化》，台北：五南圖書公司。

20. 姚漢秋，1991 年，〈三百年來閩台兩地風俗的變異〉收入《台灣婚俗古今談》，台北：臺原出版社。

21. 徐福全，2007 年，〈從諺語看台灣的生命禮俗〉，第一屆俗文學與通識教

育學術研討會論文集。台北：大同大學通識教育中心。

22. 陳壬癸，1986 年，〈台灣地區現行歲時節俗改進之研議〉，收入《台灣文獻》，37（1）：35-54．

23. 陳美燕，1990，〈『迷信』與俗民宗教信仰——個言說現象的反省與批判〉，清華大學社會人類學研究所碩士論文。

24. 黃得時，〈臺灣歌謠之形態〉，《台灣文獻》1952 年 5 月，3 卷 1 期。

25. 黃智慧，1997 年，〈日本對臺灣原住民族宗教的研究取向〉收入《臺灣本土宗教研究的新視野和新思維》，台北：南天書局公司。

26. 董峰政，〈「台語」在押韻使用上之探討〉，http://staff.whsh.tc.edu.tw/~huanyin/don_home.htm。

27. 張清郎，1994 年，〈如歌似的台灣語言/論台語語調與曲調之關係〉，收錄於〈第一屆臺灣本土文化學術研討會論文集〉。

28. 張瑞光，2006 年，〈台語「tsiah8 食」的探討〉載於：〈第一屆國北教大暨臺師大台文所研究生論文發表會論文集〉2-1～27。主辦單位：國北教大台文所。

29. 張瑞光，2007 年，〈台灣民間信仰看法的探討〉載於：〈2007 年五校六所研究生學術聯誼會會議論文集〉27～48。主辦單位：長榮大學台灣研究所。

30. 張瑞光，2007 年，〈台北縣瑞芳鎮的閩南方言分佈與演變探討〉載於：〈臺灣史蹟研究會九十六年會友年會論文選集〉（上冊）173～207。主辦單位：臺北市文獻委員會。

31. 趙金銘，〈諧音與文化〉原刊《語言教學與研究》，1987 年第一期。收入《文化語言學中國潮》，1995 年，北京：語文出版社。

32. 謝聰輝，1998 年，〈台灣冥婚儀禮的文化意涵〉，《台灣人文》第二期。

33. 謝聰輝，1998 年，〈中國人的鬼意識與鬼節〉，《聯合文學》第十六卷第十期，34～38。

34. 謝聰輝，2001 年，〈道教與台灣家庭〉，發表於大陸茅山舉辦「二十一世紀道教的展望研討會」。

35. 謝聰輝，2004 年，〈臺灣歲時節慶內涵析論〉，《人文及社會學科教學通訊》十卷三期，6～19。

36. 蕭玉煌，〈國民禮儀範例釋義〉載於 1994 年，《禮儀民俗論述專輯（第四輯）喪葬禮儀篇》，台北：內政部。

七、博碩士論文

1. 李文獻，2002 年，《台灣閩客傳統婚禮之研究》，中國文化大學中國文學研究所博士。

2. 洪惟仁，2003 年，《音變的動機與方向：漳泉競爭與台灣普通腔的形成》，國立清華大學博士論文。

3. 曾子良，1989 年，《臺灣閩南語說唱文學「歌仔」之研究及閩臺歌仔敘錄與存目》，東吳大學中國文學研究所博士。

4. 臧汀生，1989 年，《臺灣閩南語民間歌謠新探》，國立政治大學中國文學研究所博士。

5. 王崇憲，2003 年，《臺灣閩南諺語的鬼神文化研究》，中山大學中國語文學系研究所。

6. 邱盛煌，2006 年，《增廣賢文研究》，臺北市立教育大學應用語言文學研究所。

7. 李月枝，2004 年，《台灣地區客閩十二生肖動物諺語比較研究》，國立花蓮師範學院語文科教學碩士班。

8. 林永仁，2006 年，《台灣閩南語諺語辭格研究》，台北教育大學語文教育學系碩士班論文。

9. 林妙馨，2005 年，《歌仔冊《增廣英台新歌》的文學研究》，國立高雄師範大學台灣語言及教學研究所。

10. 林麗敏，2003 年，《中學韻文教學音韻問題探析》，高雄師大國文教學碩士班論文。

11. 李婉君，2003 年，《台灣河洛話有關查某人諺語之研究》彰化師範大學國文學系在職進修專班碩士論文。

12. 官宥秀，2001 年，《臺灣閩南語移民歌謠研究》，國立花蓮師範學院民間文學研究所碩士論文。

13. 紀東陽，2003 年，《台灣諺語之傳播思想初探》，輔仁大學大眾傳播研究所碩士論文。

14. 袁筱青，1997 年，《現代漢語諧音研究——以華文廣告文案為例》，國立台灣師範大學華語文教學研究所碩士班碩士論文。

15. 許筱萍，2003 年，《台灣閩南諺語修辭研究》，玄奘人文社會學院中國語文研究所碩士論文。

16. 黃璨君，2004 年，《民間習俗諧音現象之研究——以漢族婚俗年俗為主》，國立高雄師範大學國文教學碩士班論文。

17. 黃飛龍，2002 年，《論台灣諺語之修辭美學研究》，南華大學文學研究所碩士論文。

18. 陳文識，2003 年，《金門諺語研究》，臺北市立師範學院應用語言文學研究所語文教學碩士論文。

19. 陳嘉華，2002 年，《台灣閩南語四字成詞之研究》，臺南師範學院教師在職進修國語文碩士學位班碩士論文。

20. 陳姿听，2002 年，《台灣閩南語相褒類歌仔冊語言研究—以竹林書局十種歌仔冊為例》，國立新竹師範學院臺灣語言與語文教育研究所碩士論文。

21. 陳昌閔，2001 年，《台灣諺語之社會教化功能研究》，南華大學文學研究所碩士論文。

22. 溫國良，1995 年，《中日兩國有關貓狗諺語之比較研究》，東吳大學日本文化研究所碩士論文。

23. 葉秋凰，2004 年，《台灣囡仔歌之詞彙與句式分析——兼論文學語言分析在語文教學上之應用》，國立新竹師範學院臺灣語言與語文教育研究所碩士論文。

24. 葉雅宜，2002 年，《婚禮〔四句聯吉祥話〕研究》，臺南師範學院鄉土文化研究所碩士論文。

25. 游淑珺，2001 年，《基隆地區俗語研究》，淡江大學中國文學系碩士班碩士論文。

26. 蔡蓉芝，2002 年，《從台華諺語看語言與文化》，台灣師範大學華語研究所碩士論文。

27. 賴光宏，1993 年，《歇後語研究—歇後語的界說、形成、結構與特色》，私立逢甲大學，中國文學研究所碩士論文。

28. 簡正崇，1995 年，《台灣閩南諺語研究》，私立逢甲大學中國文學研究所碩士論文。

29. 簡巧珍，1986 年，《南管戲「陳三五娘」及其「益春留傘」之唱腔研究》，國立臺灣師範大學音樂研究所碩士論文。

八、網站資料

1. 文建會文化資產入口網站
http://chmis.cca.gov.tw/chmp/frontsite/dispatch.do?def=frontsite.index&siteId=101

2. 王順隆網站 http://www32.ocn.ne.jp/~sunliong/ong.htm。

3. 台灣傳香網站 http://water.tacocity.com.tw/page01.htm

4. 阮昌銳，〈生命禮俗〉國立臺北藝術大學傳統藝術研究所兼任教授，臺北市政府民政局禮俗網站。

5. 李勤岸教授網站 http://iug.csie.dahan.edu.tw/TG/khinhoaN/

6. 洪惟仁教授網站 http://www.uijin.idv.tw/

7. 美哉雲林網站 http://www.dpps.ylc.edu.tw/yunlin/index.htm

8. 教育部 國語會〈臺灣閩南語羅馬字拼音方案〉教育部網站。

9. 教育部 國語會〈臺灣閩南語推薦用字（第 1 批）〉教育部網站。

10. 鄭良偉教授網站 http://taigu.eic.nctu.edu.tw/

11. 《從笨港到北港》，國民小學教師自編鄉土教材系列雲林縣政府編印 http://cuy.ylc.edu.tw/~cuy14/eBook/ch10.htm 第肆篇 民俗篇 第一節 民俗與節氣

12. 僑委會網站〈全球網路教育中心‧台灣節慶〉 http://edu.ocac.gov.tw/local/web/Trad/Temple/about.htm

13. 董峰政網站 http://staff.whsh.tc.edu.tw/~huanyin/don_home.htm

14. 維基百科網站 http://zh.wikipedia.org/wiki/%E5%BB%9F%E6%9C%83

附　錄

一、台灣閩南語羅馬字拼音方案

教育部在民國 95 年 10 月 14 日公告《台灣閩南語羅馬字拼音方案》，這個方案簡稱「臺羅」。分為三部分詳述如下：

（一）台灣閩南語聲母符號

	國際音標 IPA	台羅拼音符號		注音符號
聲母	〔p〕	p	邊	ㄅ
	〔ph〕	ph	波	ㄆ
	〔b〕	b	文	
	〔m〕	m	毛	ㄇ
	〔t〕	t	地	ㄉ
	〔th〕	th	他	ㄊ
	〔n〕	n	耐	ㄋ
	〔l〕	l	柳	ㄌ
	〔k〕	k	求	ㄍ
	〔kh〕	kh	去	ㄎ
	〔g〕	g	語	
	〔ŋ〕	ng	雅	
	〔h〕	h	喜	ㄏ
	〔ts〕	ts	貞	ㄗ
	〔tsh〕	tsh	出	ㄘ
	〔s〕	s	時	ㄙ
	〔dz〕	j	入	

（二）台灣閩南語聲調符號

調類	陰平	陰上	陰去	陰入	陽平	（陽上）	陽去	陽入
調名	第一聲	第二聲	第三聲	第四聲	第五聲	第六聲	第七聲	第八聲
數字式	tong1	tong2	tong3	tok4	tong5		tong7	tok8
例字	東	黨	棟	督	同	（動）	洞	毒

（三）台灣閩南語韻母基本符號

	國際音標 I P A	台羅拼音符號		注音符號
韻母	〔a〕	a	阿	ㄚ
	〔i〕	i	伊	ㄧ
	〔u〕	u	污	ㄨ
	〔e〕	e	啞	ㄝ
	〔ɔ〕	oo	烏	ㄛ
	〔ə〕	o	蚵	ㄜ
	〔~〕	-nn	（鼻化韻韻尾）	
	〔-m〕	-m		
	〔-n〕	-n	（以鼻輔音收尾的韻母）	
	〔-ŋ〕	-ng		
	〔-p〕	-p		
	〔-t〕	-t	（以一般塞音收尾的韻母）	
	〔-k〕	-k		
	〔-ʔ〕	-h	（以喉塞音收尾的韻母）	

二、台語變調

變調規則說明

1、臺語聲調的發音以詞作單位，單一字讀本調，如：牛（gu5），馬（be2）。

2、兩字或是兩字以上的詞，最後字讀本調，前一字讀變調，再前面的字讀變調或是再變調。

　　火金姑：（hue2，kim1，koo1）——> （hue1- kim7-koo1）

3、舒聲調（即非入聲調）的變調規則是第 5 變成第 7 調，第 7 變成第 3 調，整個規則是 5->7->3->2->1->7。如：

香火：（hiunn1，hue2）——>（hiunn7- hue2）

牛頭：（gu5 ，thau5）——>（gu7- thau5）

散步：（san3，poo7）——>（san2- poo7）

4、入聲調第四調變調接近第二調，加上束喉特徵。

八百（peh4，pah4）——>（pe2-pah4）

第八調變調接近第三調，加上束喉特徵。

白人（peh8，lang5）——>（pe3-lang5）

本 調	變 調	條 件	例　　子
詞類	詞類	非詞尾	
1	7		烏烏[oo1][oo1]→[oo7-oo1]
2	1		理由[li2][iu5]→[li1-iu5]
3	2		厝邊[tshu3][pinn1]→[tshu2-pinn1]
4	8	-p、-t、-k	國家[kok4][ka1]→國家[kok8-ka1]
	8	-h	虛字時，變後不會丟失喉塞韻尾。
	2	-h	八百[peh4] [pah4]→[pe2-pah4]
5	7		眠床[bin5][tshng5]→[bin3-tshng5]
7	3		下腳[e7][kha1]→[e3-kha1]
8	4	-p、-t、-k	八卦[pat8][kua3]→八卦[pat4-kua3]
	3	-h	食飽[tsiah8][pa2]→[tsia3-pa2]

三、諺　語

〈生育禮俗〉

01【不孝有三，無後為大。put4 hau3 iu2 sam1，bu5 hoo7 ui5 tai7。】 *

02【有囝有囝命，無囝天註。定　u7-kiann2　u7-kiann2-mia7,bo5-kiann2
　　thinn1-tshu3-tiann7。】（押 iann 韻）

03【命中有兒，何在早晚。mia7 tiong1 iu7 ji5，ho5 tsai7 tsa2 uann3。】 *

04【早早也三個囝，慢慢也三個囝。tsa2 tsa2 ia7 sann1 e5 kiann2，ban7 ban7 ia7
　　sann1 e5 kiann2。】（押 iann 韻，同字）

05【註生娘娘，不敢食無囝油飯。tsu3-senn1-niu5-niu5，m7 kann2 tsiah8 bo5
　　kiann2 iu5 png7。】 *

06【床母公、床母婆，tshng5-bo2-kong1，tshng5-bo2-po5，

保庇阮囝賢大漢、賢佚迌。po3- pi7 gun2 kiann1 gau7 tua7-han3，gau7 thit8
-tho5。】（押 o 韻）

07【觀音媽面頭前無一個歹囡仔。kuan1-im1-ma2 bian7-thau5-tsing5，bo5
tsit8 e7 phainn2-gin2-a2】 *

08【鑽燈腳，生膦脬。tsng3-ting1-kha1，senn1-lan7-pha1。】（押 a 韻）

09【補胎，較好做月內。poo2 thai1，kha3 ho2 tso3 gueh8-lai7。】（押 ai 韻）

10【十月懷胎，艱苦無人知。tsap8 gueh8 huai5-thai1，kan1-khoo2 bo5-lang5
-tsai1。】（押 ai 韻）

11【踏草青，生後生。tah8 tshau2 tsenn1，senn1 hau7 senn1】（押 senn 韻）

12【天公祖著來保庇，是男是女緊出世。thinn1-kong1-tsoo2 tioh4 lai5 po2
pi3，si7 lan5 si7 lu2 kin2 tshut4-si3】（押 i 韻）

13【人生咱，咱生人。lang5 senn1 lan2，lan2 senn1 lang5。】（押寬韻）

14【借人死，不借人生。tsioh4 lang5 si2,bo5 tsioh4 lang5 sinn1。】（押寬韻）

15【生贏，雞酒香；senn1 iann5，ke1-tsiu2-phang1；
生輸，四片板。senn1-su1，si3 phinn3 pang1。】（押 ang 韻）

16【芎蕉吐囝為囝死。kin1-tsio1 thoo3 kiann2 ui7 kiann2 si2。】 *

17【田螺吐囝為囝死。tsan5-le5 thoo3 kiann2 ui7 kiann2 si2。】 *

18【芎蕉吐囝害母身。kin1-tsio1 thoo3 kiann2 hai7 bo2 sin1。】 *

19【未生囝，先號名。bue7 senn1-kiann2，sian1 ho7-mia5。】（押 iann 韻）

20【新婦不離灶，sim1-pu1 put4 li5 tsau3，
查某囝不離後頭。tsa1-boo2-kiann2 put4 li5 au7-thau5。】（押 au 韻）

21【頭胎，二胎，食外家。thau5-the1，ji7- the1，tshiah8 gua7-ke1。】（押 e
韻）

22【有山頭，就有鴟鴞。u7 suann1 thau5，ju2 u7 lai7-hioh8。】 *

23【一個山頭，一隻鴟鴞。tsit8 e5 suann1-thau5，tsit8 tsiah4 lai7-hioh8。】 *

24【一隻鴟鴞，佔七里雞仔。tsit8 tsiah4 lai7-hioh8，tsiam3 tshit4 li2 ke1 a2。】
*

25【親像予鴟鴞挾去。tshin1 tshiunn7 hoo7 lai7-hioh8 giap8 khi3。】 *

26【鴟鴞披山。lai7-hioh8 phi1 suann1。】 *

27【鴟鴞出世捌（識）雞栽。lai7-hioh8 tshut4 si3 bat4 ke1-tsai1。】 *

28【鴟鴞偷掠雞仔，烏鶖佇壁。lai7-hioh8 thau1 liah8 ke1-a2，oo1-tshiu1 ti7

piah4。】＊

29【七坐、八爬、九發牙。tshit4 tse7，peh4 pe5，kau2 huat4 ge5。】（押 e 韻）

30【嘴臭去，香的來。tsui2 tshau3 khi3，phang1-a0 lai5。】＊

31【三歲乖，四歲歹，五歲著押去刣。sann1 hue3 kuai1,si3 hue3 phai2/
phainn2,goo7 hue3 tioh4 ah4 khi3 thai5。】（押 ai 韻）

32【囡仔無收過驚，飼無大漢。gin2-a2 bo5 siu1 kue3 kiann1，tshi7 bue7 tua7
han3。】（押寬韻）

（合計：押韻 14；寬韻 3；未押 15 ）

〈婚俗〉

01【男女授受不親。lam5 li2/lu2 siu7 siu7 put4 tshin1。】＊

02【父母之命，媒妁之言。hu7-bo2 tsi1 ming7，bue5-tsiok4 tsi-gian5。】＊

03【媒人喙，糊累累。mue5/hm5 lang5 tshui3，hoo5 lui3 lui3。】（押 ui 韻）

04【三人共五目，日後無長短跤話。sann1 lang5 kang7 goo5 bak8，jit8 au7 bo5
tng5 te2 kha1 ue7。】＊

05【媒人保入房，無保一世人。muai5 lang5 po2 jip8 pang5，bo5 po2 tsit8 si3
lang5。】（押 ang 韻）

06【做一擺媒人，卡好食三年清菜。tshoe3 tshit1 pai2 mue5/hm5 lang5,kha1
ho2 tsiah8 sann1 ni5 tshing1 tshai3。】＊

07【無錢甲查某講無話，bo5 tsinn5 kah4 tsa1-boo2 kong2 bo5 ue7，
拜神無酒擲無筶（桮）。pai3 sin5 bo5 tsiu2 tan3 bo5 pue1。】（押 ue 韻）

08【揀啊揀，king2 a0 king2，
揀著一个賣龍眼。king2 tioh8 tsit8 e5 be7 ging5 ging2。】（押 ing 韻）

09【第一門風，第二祖公。te7-it4 mng5-hong1，te7-ji7 tso3-kong1。】（押 ong
韻）

10【第一身體健康，te7-it4 sin1-the7 kian7-khong1，
第二學問普通，te7-ji7 hak4-bun1 pho3-thong1，
第三門戶相當，te7-sann1 bun5/mng5-hoo7 siong1-tong1，
第四待人春風。te7-si3 thai3 jin5 tshun1-hong1。（押 ong 韻）】

11【陳林李，結生死。tan5 lim5 li2，kiat4 senn1 si2。】（押 i 韻）

12【陳無情，李無義，tan5 bo5 tsing5，li2 bo5 gi7

姓林仔娶家己。senn3 lim5 a2 tshua7 ka1-ki2。】（押 i 韻）

13【龍交龍，鳳交鳳，隱龜交棟憨。liong5 kau1 liong5，hong1 kau1 hong1，un2-ku1 kau7 tong3-gong7。】（押 ong 韻）

14【娶著好某卡好天公祖，tshua7 tioh8 ho2 boo2，khah4 ho2 hinn1-kong1-tsoo2，

床頭眠，床尾芳。娶著歹某一世人艱苦。tshua7 tioh8 phainn2 boo2，tsit8 si3 lang5 kan1 khoo2。】（押 oo 韻）

15【一个某，卡贏三身天公祖。tsit8 e5 boo2，kah4 iann5 sann1 sian1 thinn1-kong1-tsoo2。】（押 oo 韻）

16【男命無假，lam5 mia7 bo5 ke2，

女命無真。li2 mia7 bo5 tsin1.】 *

17【剪刀炳，鐵掃帚。ka1-to-ping，thih-sau3-tshiu2。】 *

18【落塗時，八字命。loh3 thoo5 si5，peh4 ji2 mia2。】 *

19【斷掌查甫做相公，tng7 tsiang2 tsa1-poo1 tso3 siong3-kong1，

斷掌查某守空房。tng7 tsiang2 tsa1-boo2 siu2 khang1-pang5。】 *

20【鴨母蹄，土跤趖。ah4-bu2-te5，thoo5-kha1-so5。】 *

21【嫁著讀冊翁，ke3 tioh8 thak8 tsheh4 ang1，

床頭眠，床尾芳。tshng5 thau5 khun3，tshng5 bue2 phang1。】（押 ang 韻）

22【好歹粿攏會甜，ho2 phainn2 kue2 long2 e7 tinn1，

好歹查某攏會生。ho2 phainn2 tsa1-boo2 long2 e7 sinn1。】（押 inn 韻）

23【肉要乎你食，bah4 ai3 hong5 li2 tsiah8，

骨不使乎你啃。kut4 be sai2 hong5 li2 ge3。】 *

24【賒豬賒羊，無賒新娘。sia1 ti1 sia1 iunn5，bo5 sia1 sin1 niu5。】（押 iunn 韻）

25【嫁查某囝，卡慘著賊偷。ke3 tsa1-boo2-kiann2，khah4 tsham2 tioh8 tshat8 thau1。】 *

26【未富，毋通起大厝；未有，毋通娶新婦。bue7-hu7 m7-thang1 khi2 tua7-tshu3；bue7-u7 m7-thang1 tshoa7 sin1-pu7】（押 u 韻）

27【頂半暝食你的粟，ting2-puann3-mi5,tsiah8 li2-e5-tshik4，

下半暝食咱的粟。e5-puann3-mi5,tsiah8 lan2 -e5-tshik4。】（押 ik 韻）

28【天頂天公，地下母舅公。thinn1 ting2 thinn1-kong1，te7 e7 bo2 ku7

kong1。】（押 ong 韻）

29【大目新娘看無灶。tua7 bak8 sin1-niu5 khuann3 bo5 tsau3。】＊

30【大家（婆婆）有話，新婦無話。ta7-ke1 u7 ue1，sin1-pu7 bo5 ue1。】（押 ue 韻）

31【暗暗摸，生查晡。am3 am3 moo1,senn1 tsa1 poo1。】（押 oo 韻）

32【頭米糕，二拜桃，thau5 bi2-ko1，ji7 pai3 tho5，
三拜即食無。sann1 pai3 tsiah4 tsiah8 bo5。】（押 o 韻）

33【有父有母初一二，u7 pe7 u7 bo2 tshe1 it1 ji7，
無父無母初三四。bo5 pe7 bo5 bo2 tshe1 sann1 si3。】（押 i 韻）

34【有父有母初二三，u7 pe7 u7 bo2 tshe1 ji7 sann1，
無父無母頭擔擔。bo5 pe7 bo5 bo2 thau5 tann1-tann1。】（押 ann 韻）

35【查某囝飼大別人的。tsa1-boo2-kiann2 tshi7 tua7 pat8 lang5 e5。】＊

36【娘快做，嫺僫學。niu5 khuai3 tso3，kan2 oh4 oh8。】（押寬韻）

37【站高椅，拜大姊。khia3 kuan5 i2，pai3 tua7 tsi2。】（押 i 韻）

38【某大姐，金交椅。boo2 tua7 tsi2，kim1 kau1 i2。】（押 i 韻）

39【六月娶半冬某。lak gue tsua pua tang boo2。】＊

40【七月娶鬼某。tshit gue tsua kui2 boo2。】＊

41【九月狗頭重，死某亦死翁。kau2-gueh8 kau2 thau5 tang7，si2 boo2 ia7 si2
ang1。】（押 ang 韻）

42【睏空舖，不死翁，亦死某。khun3 khang1 phoo3，bo5 si2 ang1，ia7 si2
boo2。】（押 oo 韻）

43【施黃許，赤查某。si1 ng5 khoo2，tshiah4 tsha1 boo2】（押 oo 韻）

44【娶了施黃許，敬如天公祖。tshua7 liau2 si1 ng5 khoo2，king3 ju5 thinn1-
kong1-tsoo2。】（押 oo 韻）

45【欲娶嘉義人，欲嫁台南翁 beh4 tshua7 ka1-gi 7 lang5，beh4 ke3 tai5-lam5
ang1】（押 ang 韻）

（合計：押韻 29；寬韻 1；未押 15）

〈喪俗〉

01【去揣伊祖公，食甜粿。khi3 tshue7 i1 tsoo2-kong1，tsiah8 tinn1-kue2。】＊

02【也著神，也著人。ia7 tioh4 sin5,ia7 tioh4 jin5。】（押 in 韻）

03【年過六十六，閻王要吃肉。ni5 kue3 lak8 tsap8 lak8，giam5 ong5 beh4 tsiah8 bah4。】*

04【一樣生，百樣死。it4 iunn7 sinn1，pah4 iunn7 si2。】（押寬韻）

05【冷喪，不入莊。ling2 song1，put4 jip8 tsng1。】（押寬韻）

06【老父娘嬭死落山，家伙見人搬。lau7-pe7 niu5-le2/ne2 si2 loh4 suann1,ke1-hue2 kinn3 lang5 puann1。】（押 uann 韻）

07【大孫頂尾囝。tua7-sun1 ting2 bue2-kiann2。】*

08【予妯娌送，包散。hoo7 tang5 sai7 sang3，pau1 san3。】（押寬韻）

09【有祖接祖，無祖接石鼓。u7 tsoo2 tsiap4 tsoo2，bo5 tsoo2 tsiap4 tsioh8 koo2。】（押 oo 韻）

10【新婦哭禮數，查某囝哭腸肚。sin1-pu7 khau3 le2-soo3，tsa1-bo2-kiann2 khau3 tng5-too7。】（押 oo 韻）

11【見靈不哀，不如無來。kin ling5 put4 ai7，put4 ju5 bo5 lai5。】（押 ai 韻）

12【白米壓大厝，子孫年年富。peh8 bi2 teh4 tua7 tsu3，tsu2 sun1 ni5 ni5 hu3。】（押 u 韻）

13【新婦頭，查某囝腳。sin1 pu7 thau5，tsa5 boo2 kiann2 kha1。】*

14【放手尾錢，富貴萬年。pang3 tshiu2 bue2 tsinn5,hu3 kui3 ban7 ni5。】（押 inn 韻）

15【在生憑講話，tsai7 sing1 ping5 kong1 ue7，
死了憑跋桮（擲杯）。si2 liau2 ping5 puat8 pue1。】 （押 ue 韻）

16【倒腳踏金，正腳踏銀。to2 kha1 tah8 kim1,tsiann1 kha1 tah8 gin5。】（押寬韻）

17【天公、地公、母舅公。thinn1-kong1，te7-kong1，bo2 ku7 kong1。】（尾韻 ong）

18【天頂天公，地下母舅公。thinn1 ting2 thinn1-kong1，te7 e7 bo2 ku7 kong1。】（押 ong 韻）

19【在生一粒豆，tsai3 senn1 tsit8 liap8 tau1，
卡贏死了拜豬頭。khah4 iann5 si2 liau2 pai3 ti7 thau5。】（押 au 韻）

20【欲食豬頭肉，只有死給查某囝看。bue2 tsiah8 ti7-thau5-bah4，tsi2 iu7 si2 hoo7 tsa1-bo2-kiann2 khuann3。】*

21【柚柑好尾味，iu7-kam1 ho2 bue2 bi7，

查某囝著罔飼。tsa5 boo2 kiann2 tioh4 bong2 tshi7。】（押 i 韻）

22【死爸，路遠；死母，路斷。si2 pe7 loo7 hng7，si2 bu2 loo7 tng7。】（押 ng 韻）

23【跳過火，無事尾。thiau3 kue3 hue2，bo5 su7 bue2。】（押 ue 韻）

24【來無張池，轉無相辭。lai5 bo5 tionn1 ti5,khi3 bo5 sio1 si5。】（押 i 韻）

25【有孝後生來弄鐃，iu2 hau3 hau7 senn1 lai5 lang5 lau5，
　　有孝查某來弄猴。iu2 hau3 tsa1 boo2 lai5 lang5 kau5。】（押 au 韻）

26【外家辦來看，gua7-ke1 pan7 lai5 khuann3，
　　查某囝收一半。tsa1 boo2 kiann2 siu1 tsit8 puann3。】（押 aunn 韻）

27【驚死父，愛呷文頭粿。kiann1 si2 pe7，ai2 tsiah8 bun5 thau5 ke2/kue2。】
　　（押 e 韻）

28【驚死娘嬭，愛呷文頭底。kiann1 si2 nioo5 le2，ai2 tsiah8 bun5 thau5 te2。】
　　（押 e 韻）

29【對年對日作，死人無閏月。tui3 ni5 tui3 jit8 tso3,si2 lang5 bo5 lun5 gueh8。】＊

30【過兩個七，無過兩個十一。kue3 nng7 e5 tshit4,bo2 kue3 nng7 e5 tsap8 it4。】（押 it 韻）

31【對年對哀哀，三年無人哉（知）。tui3 ni5 tui3 ai1 ai1,sann1 ni5 bo5 lang5 tsai2。】（押 ai 韻）

32【新地不過社（春社），sin1 te2 put4 kue1 sia1，
　　老地祭到清明下。lau2 te2 tse3 kau3 tshing1 bing5 e7。】＊

33【踏屐，才賺有呷。tshai2 kiah8，tsiah4 than3 u7 tsiah8。】（押 iah 韻）

34【死某，換新衫；si2 boo2，uann7 sin1 sann1；
　　死翁，換飯坩（碰）。si2 ang1，uann7 png7 khann1】（押 ann 韻）

35【死某出外，賺錢萬外。si2 boo2 tsut4 gua7，than3 tsinn5 ban7 gua7。】（押 ua 韻）

36【跳過棺，走過番。thiau3 kue2 kuan1,tsau1 kue2 huan1。】（押 uan 韻）

37【六年六兄弟。lak8 ni5 lak8 hiann1 ti7。】（押 i 韻）

38【五年誤家己。goo7 ni5 goo7 ka1-ti7。】（押 i 韻）

39【七煞、八敗、九年揀狗骨，十年以上無論。tshit4 sat4，peh4 pai7，kau2 ni5 kioh4 kau2 kut4，tsap8 ni5 i2 siong2 bo5 lun7。】＊

40【蔭屍蔭家己。im3-si1 im3 ka1-ti7。】（押 i 韻）

41【九年九遷，十葬萬年。kau2 tsong3 kau2 tshian1 tsap8 tsong3 ban7 lian5。】
（押 ian 韻）

42【新例無設，舊例無滅。sin1 le7 bo5 siat4，ku7 le7 bo5 biat8。】（押 iat
韻）

43【雨打棺材蓋，子孫沒被蓋。hoo7 tann2 kuan1 tsai5 kua3，tsu2 sun1 bo5
phue7 kah4。】**

44【雨打櫃，輩輩窮。hoo7 tann2 ling5，pue3 pue3 king5。】（押 ing 韻）

45【食教，死毋人通哭。tsiah8 kau3，si2 bo5 lang5 thang1 khau3。】（押 au
韻）

（合計：押韻 32；寬韻 4；未押 9）

歇後語：【去土州，賣鴨卵──死了。khi3 thoo2 tsiu1 bue7 ah4 nng7──
si2 lah0。】

歇後語：【棺柴內老鼠──齪死人。kuann1-tsha5 lai7 niau2-tshi2──tsak4
si2 lang5。】

〈廟會〉

01【神得金、人得飲。sin5 tit4 kim1，lang5 tit4 im2。】（押 im 韻）

02【儉腸凹肚，khiam7 tng5 neh4 too7，
爲著初一十五。ui7 tioh4 tshe1-it4 tsap8-goo7。】（押 oo 韻）

03【有燒香，有保庇；u7 sio1 hiunn1，u7 po2 pi3；
有食藥，有行氣。u7 tsiah8 ioh8，u7 kiann5 khi3。】（押 i 韻）

04【神，不可不信，不可盡信。sin5，put4 kho2 put4 sin2，put4 kho2 tsin7 sin2。】
（押 in 韻）

05【神明興，弟子窮。sin5-bin5 hin1，te7-tsu2 king5。】（押寬韻）

06【先顧腹肚，才顧佛祖。sing7ko3 bak4 to3，tsiah4 ko3 but8-tsoo2。】（押寬
韻）

07【近廟欺神。kin1 bio7 khi7 sin5。】*

08【三日一小拜、五日一大拜。sann1 jit8 tsit8 sio2 pai3，goo7 jit8 tsit8 tua7
pai3。】（押 ai 韻）

09【人是天生地養。jin5/lang5 si7 thinn1 sing1 te3 iong2。】*

10【千算萬算不值天一劃。tshian1 sng3 ban7 sng3 m7 tat8 thinn1 tsit8 ueh8】＊

11【姻緣天註定，不是媒人跤善行。in1 ian5 thinn1 tsu3 tiann7，m7 si7 mui5 lang5 kha1 gau5 kiann5。】（押 iann 韻）

12【田頭田尾土地公。tsan5-thau5 tsan5-bue2 tho2-ti7-kong1。】＊

13【生爲正人，死爲正神。sing1 ui7 tsing3 jin5，si2 ui7 tsing3-sin5。】（押 in 韻）

14【代天巡狩，血食四方。tai7 thian1 sun5 siu2，hiat4 tsiah8 si3 hong1。】＊

15【遊縣吃縣，iu5 kuan7 tsiah8 kuan7，（押 uan 韻）
遊府吃府。iu5 hu2 tsiah8 hu2。（押 u 韻）】

16【尪公顯，弟子了仙（錢）。ang1-kong1 hiann2，te7-tsu2 liau3 sian2。】（押 ian 韻）

17【尪公顯，弟子落臉。ang1-kong1 hiann2，te7-tsu2 lak4 lian2。】（押 ian 韻）

18【尪公聖，毋值尪媽定。ang1-kong1 siann3/sing3，m7-tat8 ang5-ma2 tiann7/ting7。】（押 ian/ing 韻）

19【呂洞賓，顧喙無顧身。lu7-tong7-pin1，koo2 tshui3 bo5 koo2 sin1。】（押 in 韻）

20【城隍爺尻川（屁股），無人敢摸。sing5-hong5-ia5 kha1-tshng1，bo5 lang5 kann2 bong。1】＊

21【七十三、八十四，tshit4-tsap8-sann1、peh4-tsap8-si3，
閻羅無叫家己（自己）去。giam5-ong5 bo5 kio3 ka1 ti7 khi3。】（押 i 韻）

22【你鬼，我閻羅王。li2 kui2，gua2 giam5-lo5-ong5。】＊

23【引鬼入宅。in2 kui2 jip8 theh8。】＊

24【用鬼，掠鬼。iong7 kui2 liah8 kui2。】（押 ui 韻）

25【人牽毋行，鬼牽蹓蹓走。lang5 khan1 m7 kiann5，kui2 kang1liu2 liu2 tsau2。】＊

26【水鬼掠交替。tsui2 kui2 liah8 kau1 the3。】＊

27【見扙，扙著鬼。kin tu，tu tioh4 kui2。】＊

28【小鬼毋識看見大豬頭。sio2- kui2 m7 bat8 khuann3 kinn2 tua7 ti7 thau5。】＊

29【請鬼醫病。tshiann2 kui2 i1 penn7。】＊

30【請鬼顧更。tshiann2 kui2 koo3 kenn1。】＊

31【請鬼帶藥單。tshiann2 kui2 tua3 ioh8-tan1。】*

32【司功聖杯。sai1-kong1 sionn7 pue1。】*

33【司功仔喙。sai1-kong1 a2 tshui3。】*

34【司功，嚇鬼。sai1-kong1，hann2 kui3。】*

35【司功嚇死鬼。sai1-kong1 hann2 si2 kui3。】*

36【司功揀蓆拚眞步。sai1-kong1 king2 tshioh8 piann3 tsin1poo7。】*

37【司功毋驚鬼，和尚毋畏佛。sai1-kong1 m7 kiann1 kui3，hue siunn m7ui7 hut4。】*

38【尪姨嘴，糊累累。ang5-i5-tsui3，hoo5 lui3 lui3。】（押 ui 韻）

39【尪姨循話尾，假童害眾人。ang5-i5 sun5 ue7 bue2，ke2-tang5 hai7 tsing3 lang5。】*

40【少年若無一擺戇，路邊那有有應公。siau2 lian5 na7 bo5 tsit8 pai2 gong7，loo7 pinn1 na7 u7 iu2-ing3-kong1。】（押 ong 韻）

41【大媽鎮殿，二媽食便，三媽出戰。tua7-ma2 tin3 ten，jit8-ma2 tsiah8 pen，sann1-ma2 tshut4 tsen7。】（押 en 韻）

42【大厝是媽祖宮，曠床是戲臺頂。tua7 tshu3 si7 ma2-tsoo2-king1，khong3 tshng5 si7 hi3-tai5-ting2。】（押 ing 韻）

43【北港媽祖，鯤鯓王爺。pak4-kang2 ma2-tsoo2，khun1-sin1 ong5-ia5。】*

44【北港媽祖，興外鄉。pak4-kang2 ma2-tsoo2，hin1 gua7 hiong1。】*

45【北港興，土庫定。pak4-kang2 hin1，thoo5-khoo3 tiann7。】*

46【笨港媽祖，新港老虎，打貓大士。pun7-kang2 ma2-tsoo2，sin1-kang2 lau2 hoo2，tann2-niau1 tai7-su7。】*

47【新港老虎，北港媽祖。sin1-kang2 lau2 hoo2，pak4-kang2 ma2-tsoo2。】（押 oo 韻）

48【南有北港媽，北有關渡媽。lam5 u7 pak4-kang2 ma2，pak4 u7 kuan1-too7 ma2】（押 a 韻）

49【新竹城隍爺，北港媽祖婆。sin1-tik4 sing5-hong5-ia5，pak4-kang2 ma2-tsoo2 po5。】*

50【興，興嘎像北港媽。hin1，hin1 ka1 tshiunn7 pak4-kang2 ma2。】*

51【聖，聖到像北港媽。siann2，siann2 ka1 tshiunn7 pak4-kang2 ma2。】*

52【第一北港媽，第二鯤鯓王，te7 it4 pak4-kang2 ma2，te7 ji7 khun1-sin1-

ong5，

第三大道公，第四郭聖王。te7 sann1 tua7-to7-kong1，te7 si3 keh4-sing3-
ong5。】（押 ong 韻）

53【免狂，免狂，媽祖婆還在三木康榔。bian2-kong5，bian2-kong5，
ma2-tsoo2-po5 ia7 ti7 sann1-bok4-kong1-long5。】（押 ong 韻）

54【不知庄攔抹請媽祖。m7 tsai1 tsng1 koh4 bue2 tshiann2 ma2-tsoo2。】*

55【大火燒拜亭，媽祖講無情。tua7-hue2 sio1 pai3-ting5，ma2-tsoo2 kong1
bo5 tsing5。】（押 ing 韻）

56【北港銅鐘。pak4-kang2 kang1tsing1。】*

57【牛椆腳請媽祖，無查埔用查某。gu5 tiau5 kha1 tshiann2 ma2-tsoo2，bo5
tsa1 poo1 iong7 tsa1-boo2。】（押 oo 韻）

58【坐牛車要娶某，娶來北港拜媽祖。tse7 gu5-tshia1 bue2 tshua7 boo2，tshua7
lai5 pak4-kang2 pai3 ma2-tsoo2。】（押 oo 韻）

59【鐘到鼓到媽祖到。tsing1 kau3，koo2 kau3，ma2-tsoo2 kau3。】（押 au 韻）

60【安平迎媽祖，百百旗有了了。an1-ping5 gia5 ma2-tsoo2，pah4 pah4 ki5 u7
liau2 liau2。】*

61【安平迎媽祖，台南伏地虎。an1-ping5 gia5 ma2-tsoo2，tai5-lam5 hok8 te7
hoo2。】（押 oo 韻）

62【媽祖宮起毋著向，厚猾人。ma2-tsoo2 king1 khi2 m7 tioh4 hiong3，kau2
siau2 lang5。】*

63【媽祖宮起毋著面，猾的出袂盡。ma2-tsoo2 king1 khi2 m7 tioh4 bin7，
siau2 e5 tshut8 be7 tsin7。】（押 in 韻）

64【請媽祖，討大租。tshiann1 ma2-tsoo2，tho3 tua7 tsoo7。】（押 oo 韻）

65【王爺公無保庇，害死蘇有志。ong5-ia5-kong1 bo5 po1-pi1，hai2 si2 soo1
iu2 tsi。】（押 i 韻）

66【愛都愛，王爺都毋派。ai3 to1 ai3，ong5-ia5 to1 m7 phai3。】（押 ai 韻）

67【愛是愛，王爺公著毋扑派。ai3 si7 ai3，ong5-ia5-kong tioh4 m7 phah4
phai3。】（押 ai 韻）

68【送啊送，送去二王廟食肉粽。sang3 a0 sang3，sang3 khi3 jit4- ong5-
bio7 tsiah8 bah4 tsang3。】（押 ang 韻）

69【得失土地公飼無雞。tik4 sit4 tho2-ti7-kong1 tshi7 bo5 ke1。】*

70【土地公無發號，虎毋敢咬人。tho2-ti7-kong1 bo5 huat4 ho7，hoo2 m7 kann2 ka7 lang5。】*

71【土地公，土地婆，下汝蟶，下汝蚵，到時逐項無。tho2-ti7-kong1，tho2-ti7-po5，he7 li2 than1，he7 li2 o5，kau3 si5 tak8 hang7 bo5。】（押 o 韻）

72【土地公爪跤底。thoo2-te7-kong1 jiau3 kha1-te2。】*

73【人離難，難離身，jin5 li5 lan7，lan7 li5 sin1，
一切災殃化為塵。it4 tshe3 tsai1-iong1 hua3 ui5 tin5。】（押 in 韻）

74【家家阿彌陀，戶戶觀世音。ke1 ke1 a1 mi5 to5，hoo7 hoo7 kuan1 se3-im1。】*

75【羅漢請觀音。lo5-han3 tshiann2 kuan1-im1。】*

76【觀音媽面前，無好囝仔。kuan1-im1-ma2 bian7-tsing5 bo5 ho2 gin2-a2。】*

77【有，出錢；無，扛藝。u7，tshut4 tsinn5；bo5，kng1- ge7。】*

78【有錢出錢；無錢扛藝。u7 tsinn5，tshut4 tsinn5；bo5 tsinn5，kng1- ge7。】*

79【有錢的出錢；無錢的扛轎。u7 tsinn5 e5 tshut4 tsinn5；bo5 tsinn5 e5 kng1-kio7】*

（合計：押韻 35；寬韻 2；未押 42）

歇後語：【土地公毋驚風颱──老神在在。thoo2-te7-kong1 m7-kia1 hong1-thai1──lau2 sin5 tsai2 tsai2。】

歇後語：【萬應公廟的神杯──結相粘。ban2-ing2-kong1 bio7 e5 sin5 pue1 ──kiat4-sio1-liam2。】

【有應公童乩──講鬼話。iu2-ing3-kong1 tang2-ki1──kong1 kui2-oe7。】

歇後語：【天上聖母（猜地名）──天母。thian1-siong1 sing1-bo2── thian1-bo2。】

【媽祖廟著賊偷──失神。ma2-tsoo2-bio7 tioh4 tshat8-thau1── sit4-sin5。】

歇後語：【北港廟壁──話仙（畫仙）。pak4-kang2 bio7 piah4── oe1-sian1。】

【台南迎媽祖──麼奇嘛有。tai5-lam5 gia5 ma2-tsoo2──mih4 ki5 ma7 u7。】

【北港香爐──人人插。pak4-kang2 hiunn1-loo5──lang5 lang5 tshah4】

歇後語：【觀音媽食鹹鮭──冤枉人。kuan1-im1-ma2 tsiah8 kiam5 ke1──oan1 ong1-lang5】

〈歲時〉

01【立春趕春氣。lip8-tshun1，kuann2 tshun1-khui3。】*

02【食紅棗，年年好。tsiah8 ang5 tso2，ni5 ni5 h<u>o</u>2。】（押 o 韻）

03【食甜甜，乎你生後生。tsiah8 tinn1 t<u>inn</u>1，hoo7 li2 senn1 hau7 s<u>inn</u>1。】（押 inn 韻）

04【食甜甜，賺大錢。tsiah8 tinn1 t<u>inn</u>1，than3 tua7 ts<u>inn</u>5。】（押 inn 韻）

05【老康健，食百二。lau2 khong1 kian7，tsiah8 pah4 ji7。】*

06【新年頭，舊年尾。sin1-ni5 thau5，ku7-ni5 bue2。】*

07【查某囝，韭菜命。tsa-boo2- k<u>iann</u>2，ku2-tshai3 m<u>ia</u>7。】（押 iann 韻）

08【正月寒死豬、tsiann1-gueh8 kuann5 si2 t<u>u</u>7/ti7、
二月寒死牛、ji7-gueh8 kuann5 si2 g<u>u</u>5、
三月寒死播田夫。sann1-gueh8 kuann5 si2 po3/poo3-tshan5-h<u>u</u>1】（押 u 韻）

09【未食五日粽，破裘毋甘放。bue7 tsiah8 goo7 jit8 ts<u>ang</u>3，phua3 hiu5 m7 kam1 p<u>ang</u>3。】（押 ang 韻）

10【正月毋通看新婦，五月毋通看老牛。tsiann1-gueh8 m7-thang1 khuann3 sin1-p<u>u</u>7，goo5-gueh8 m7-thang1 khuann3 lau7-g<u>u</u>5。】（押 u 韻）

11【人著粧，佛著扛。lang5 tioh4 ts<u>ng</u>1，hut8 tioh4 k<u>ng</u>1。】（押 ng 韻）

12【筊不是生理，某不是大姐。kiau2 m7-si7 sing1-l<u>i</u>2，boo2 m7-si7 tua7-ts<u>i</u>2。】（押 i 韻）

13【送神早，接神晏。sang3-sin5 tsa2，tsiap4-sin5 uann3。】*

14【送神風，接神雨。sang3-sin5 hong1，tsiap4-sin5 hoo7。】*

15【祖師公，雙棚輆。tsoo2-su1-kong1，siang1 penn5 tau3。】*

16【天公有暴，討海有靠。thinn1-kong1 u7 pok8，tho2 hai2 u7 kho3。】（押 o 韻）

17【正月三十六暴。tsiann1-gueh8 sann1-tsap8-lak8 pok8。】*

18【天公痛戇人。thinn1-kong1 thiann3 gong7 lang5。】*

19【鑽燈腳，生膦脬。tsng3-ting1-kha1，senn1-lan7-pha1。】（押 a 韻）

20【偷搵蔥，嫁好翁。thau1 khau1 tshang1，ke3 ho2 ang1。】（押 ang 韻）

21【偷搵菜，嫁好婿。thau1 khau1 tshai3，ke3 ho2 sai2。】（押 ai 韻）

22【跳菜股，娶好某。thiau3 tshai3 koo2，tshua7 ho2-boo2。】（押 oo 韻）

23【偷硓古，得好某。thau1 loo2-koo2，tit4 ho2-boo2。】（押 oo 韻）

24【拔竹籬，生囝兒。puat8 tik4-li5，senn1 kiann2- li5。】（押 i 韻）

25【一年無討，一日無緩。tsit8 ni5 bo5 tho2，tsit8 jit4 bo5 uan7。】*

26【烏狗暴無到，白鬚暴來湊。oo1 kau2 pok8 bo5 kau3，peh8 tshiu1 pok8 lai5
tau3。】（押 au 韻）

27【食頭牙，撚喙鬚。tsiah8 thau5-ge5，lian2 tshui3-tshiu2。】*

28【神明得金，弟子趁飲。sin5-bing5 tit4 kim1，te7-tsu2 than3 im2。】（押 im
韻）

29【二月踏草青，新娘生後生。ji7 gueh8 tah8 tshau2 tsenn1，sin1 niu5 senn1
hau7 senn1。】（押 enn 韻）

30【清明無轉厝無祖，tshing1-bing5 bo5 tng2 tshu3 bo5 tsoo2，
過年無轉厝無某。kue3-ni5 bo5 tng2 tshu3 bo5 boo2。】（押 oo 韻）

31【三月初三，左營寒死老大。sann1-gueh8 tshe1 sann1，tso2 iann5 kuann5 si2
lau7 tua7。】*

32【上帝公高俍，做戲兼培墓。siong7-te7-kong1 ko1 liong7，tso3 hi3 kiam1
pue7-bong7。】（押 ong 韻）

33【大港人儉腸凹肚，tai7-kang2-lang5 khiam7 tng5 neh4 too7，
儉到三月十五。khiam7 kau3 sann1-gueh8 tsap8 goo7。】（押 oo 韻）

34【三月二十人看人。sann1-gueh8 ji7-tsap8 lang5 khuann3 lang5。】*

35【註生娘娘，不敢食無囝油飯。tsu3-senn1-niu5-niu5，m7 kann2 tsiah8 bo5
kiann2 iu5 png7。】*

36【三月猾媽祖。sann1 gueh8 siau2 ma2-tsoo2。】*

37【大道公，媽祖婆鬥法，風雨齊到。tai7-to7-kong1 ma2-tsoo2-po5 tau3 huat4，
hong1 hoo7 tsiau5 kau7。】*

38【插松（榕），加健龍；tshap4 tshing5，ke1 kian7 ling5；

插艾，跤手輕健。tshap4 ngai7，kha3 tshiu3 khin1 kian7。】*

39【食茄食到會搖，tsiah8 k<u>io</u>5 tsiah8 kau3 e7 <u>io</u>5，（押 io 韻）

　　食豆食到老老。tsiah8 t<u>au</u>7 tsiah8 kau3 l<u>au</u>7 l<u>au</u>7。（押 au 韻）】

40【洗午時水，無肥亦婿。se2 ngoo2-si5-ts<u>ui</u>2，bo5 pue5 ia7 s<u>ui</u>2。】（押 ui 韻）

41【午時洗目睭，ngoo2-si5 se2 bak8-ts<u>iu</u>1，

　　明到若鳥鶖。bing5 kah4 na2 oo1-tsh<u>iu</u>1】（押 iu 韻）

42【午時水淋一喙，ngoo2-si5-tsui2 lim1 tsit8 tshui3，

　　卡好補藥吃三年。khah4 ho2 poo2 ioh8 tsiah8 sann1 ni5。】*

43【五月十三人看人。goo7-gueh8 tsap8 sann1 lang5 khuan3 lang5。】*

44【牛郎東，織女西。gu5 nng5 tang1，tsit4 lu2 sai1。】*

45【食甜芋，才有好頭路。tsiah8 tinn1 <u>oo</u>7，tsiah4 u7 ho2 thau5 l<u>oo</u>7。】（押 oo 韻）

46【七月半鴨，毋知死活。tshit4 gueh8 puann3 <u>ah</u>4，m7 tsai1 si2 u<u>ah</u>8】（押 ah 韻）

47【大普，餓死鬼。tua7 phoo2，go7 si2 kui2。】*

48【六月攏無巧，lak8-gueh8 long2 bo5 kh<u>a</u>2，

　　七月頓頓飽。tshit4-gueh8 tng3 tng3 p<u>a</u>2。】（押 a 韻）

49【七月頓頓飽，tshit4-gueh8 tng3 tng3 p<u>a</u>2，

　　八月攏無巧。peh4-gueh8 long2 bo5 kh<u>a</u>2。】（押 a 韻）

50【食米粉芋，有好頭路。tsiah8 bi2-hun2-<u>oo</u>7，u7 ho2 thau5 l<u>oo</u>7。】（押 oo 韻）

51【風吹斷落土，hong1 tshue1 tng7 loh8 th<u>oo</u>5，

　　搶到破糊糊。tshiunn2 kah4 phua3 koo5 k<u>oo</u>5。】（押 oo 韻）

52【風吹斷了線，hong1 tshue1 tng7 liau2 s<u>oann</u>3，

　　傢伙去一半。ke1 he2 khi3 tsit8 p<u>oann</u>3。】（押 oann 韻）

53【冬節食圓仔加一歲。tang1-tseh4 tsiah8 inn5-a2 ke7 tshit8 hue3】*

54【無冬節都欲挲圓，bo5 tang1-tseh4 to1 beh4 so1 inn5，

　　無講冬節。bo5 kong2tang1-tseh4。】*

55【食尾牙面憂憂，tsiah8 bue2-ge5 bin1 <u>iu</u>1 <u>iu</u>1，

　　食頭牙撚喙鬚。tsiah8 thau5-ge5 lian2 tshui3-tsh<u>iu</u>2。】（押 iu 韻）

56【一年換二四个頭家，tsit8 ni5 oann7 li7 si3 e5 thau5 ke1，

轉來厝裡食尾牙，tng2 lai5 tshu3 lai7 tsiah8 bue2-ge5/ga5，

也擱早早咧。ia7 koh4 tsa2 tsa2 leh0。】（押 e 韻）

57【大摒厝，才會富。tua7 piann3 tshu3，tsiah4 e7 hu3】（押 u 韻）

58【甜粿過年，tinn-kue2 kue3-ni5，

發粿發錢，huat4-kue2 huat4 tsinn1，（押 inn 韻）

包仔包金，pau5-ah4 pau5 kim2，

菜包食點心。tshai3-pau5 tsiah8 tiam1-sim1。（押 im 韻）】

59【好話傳上天，壞話丟一邊。ho2-ue7 thuan5 siong2 thinn1，painn2-ue7 tan3

tsit8 pinn1。】（押 inn 韻）

60【二四送神，二五挽面。ji5 si3 sang3-sin5，ji5 goo7 ban2 bin7。】（押 in 韻）

61【穿裙穿襖，不值梳頭挽面好。tshing7 kun5 tshing7o2，m7 tat8 se1 thau5

ban2 bin7 ho2。】（押 o 韻）

62【十二月工，無閒梳頭鬃。tsap8 ji5 gueh8 kang1，bo5 ing5 se7 thau5

tsang1。】（押 ang 韻）

63【大人亂操操，囡仔愛年兜。tua7-lang5 luan7 tshau1 tshau1，gin2-a2 ai7 li5

tau1。】（押 au 韻）

64【大人煩惱無錢，囡仔歡喜過年。tua7-lang5 huan5-lo2 bo5 tsinn1，gin2-a2

huann1-hi2 kue3-ni5。】（押 inn 韻）

65【食乎賰，年年賰。tsiah8 hoo7 tshun1，ni5 ni5 tshun1。】（押 un 韻）

66【食雞起家。tsiah8 ke1 khi2 ke1。】（押 e 韻）

67【過年食魚，年年有餘。kue2 ni5 tsiah8 hi5，ni5 ni5 iu2 i5。】（押 i 韻）

68【長年菜食落喉，翌年錢才會到。tng5-ni5-tshai3 tsiah8 loh4 au5，

teh4-ni5-tsinn5 tsia4 e7 kau3。】（押 au 韻）

69【跳得過，富不退。thiau3 tit4 kue/ke3，hu3 bue7 the3。】（押 e 韻）

70【跳火盆，飼豬較大船。thiau3 hue2 phun5，tshi7 ti1 khah4 tua7 tsun5。】（押

un 韻）

71【摃破瓷，錢銀一大堆。kong3 phua3 hui5，kim1 gin5 tsit8 tua7 tui1。】（押

ui 韻）

（合計：押韻 49；寬韻 0；未押 22）

本論文俗諺語押韻統計：

韻腳比較	生 育	結 婚	喪 葬	廟 會	歲 時	總 數
總數	32	45	45	79	71	272
押韻	14	29	32	35	49	159
平均	43.8%	64.4%	71.1%	44.3%	69%	58.5 %
未押	15	15	9	42	22	103
寬韻	3	1	4	2	0	10

附　圖

【附圖 01】小川尚義〈臺灣言語分布圖〉(1907 年)

【附圖 02】洪惟仁〈台灣語言方言分區圖〉（2003 年）

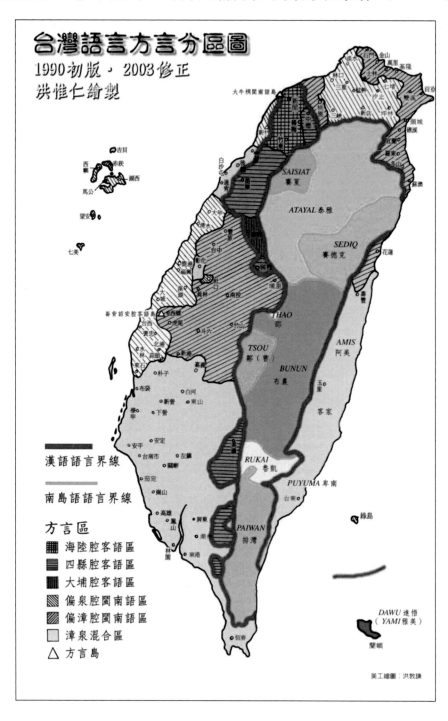